福山潤

プロフェッショナルトーク

Contents

本書では『声優ＭＥＮ』の対談連載「福山 潤の プロフェッショナルトーク」を、
ボリュームアップしてまとめ、さらに単行本語り下ろしとして、
3人のゲストを招いて対談インタビューを行ないました。
そこでは様々な仕事論や、創作論が交わされました。
そしてこれからの生き方への、時に切実、
時にユーモラスな作り手の方々の対話集となりました。
この企画には、異なる環境や状況にいる方、
何より夢を追う若い方々に届くエッセンスがあるのではないかと感じたのは、
本誌の連載を始めてしばらくしてのことです。
7つの対話が、やがて読者のあなたとの対話になってほしい。
この本は福山さんとともに、そんな想いで編まれた一冊です。
まずは福山さんによる、対談の振り返りと声優としての「今」の声をお届けします。
ぜひ、最後まで楽しんで、福山さんと一緒に「トーク」に加わってみてください。

福山 潤

Profile

1978年生まれ、大阪府出身。声優として、数々のアニメ、映画吹き替え、ゲーム、ナレーションなどで活躍。テレビアニメ『無敵王トライゼノン』で00年に初主演。07年、初代声優アワード主演男優賞を受賞。18年に立花慎之介とともに声優事務所・BLACK SHIPを立ち上げ、代表を務める。アニメの代表作に『超重神グラヴィオン』(02年〜04年)、『巌窟王』(04年〜05年)、『コードギアス 反逆のルルーシュ』(06年〜08年)、『青の祓魔師』(11年〜17年)、『中二病でも恋がしたい!』(12年〜14年)、『暗殺教室』(15年〜16年)、『おそ松さん』(15年〜18年、20年〜21年)、『PERSONA5 the Animation』(18年〜19年)、『真夜中のオカルト公務員』(19年)、『天官賜福』(21年)、『吸血鬼すぐ死ぬ』(21年)など多数。海外ドラマの吹き替えの代表作に『THE FLASH/フラッシュ』(14年〜20年)など。近年はアーティストとしても活躍している。

対談を巡っての会話と、声優としての「現在」

どの対談も本当に楽しかった

――「福山 潤 プロフェッショナルトーク」、あらためてお疲れ様でした。

福山　こちらこそありがとうございます！　実は『声優MEN』さんからこのお話をいただいた時は、お受けするべきか正直かなり迷ったんです。けれど、今となってはやってみて良かったと思っています。どの対談も本当に楽しかったですから。

――とはいえ、実のところ、このインタビューの時点では、最後のゲストである富野由悠季監督との対談を控えている状況なんですよね。

福山　そうなんです（笑）。自分から「富野さんとぜひお話がしたいです！」と言っておきながら、対談が迫ってくるにつれてかなりビビってきてまして、今はおののいています（笑）。もしかすると、富野さんに怒られ続けるだけになる可能性もありますので（笑）。もう結果は、読者の方の判断に委ねたい気持ちです。

――（笑）。ではこれまでの6人との対談を振り返っていきましょう。まず第一回はラジオアナウンサーの吉田尚記さんでした。

福山　連載の第一回目が吉田さんですごく助かりました。というのも、いきなり声優としての技術云々とか、アニメの制作現場がどうだという話ではなくて、いちばん基本的な僕たち世代のスタンスからじっくりお話しさせていただくことができたので。あらためて自分の立ち位置を振り返ることができたのが良かったなと思っています。

富野由悠季
（アニメーション監督）

――福山さんはかなりの職人気質なんだなということを、この最初の対談であらためて感じました。

福山　それはそうかもしれません。ただ本質はずっと変わっていないものの、それをどう表現するのかは、実は年齢とともに変わってきているんですよ。30歳くらいまでの僕は、作品やキャラクターについての感想や意見といったものをあまり表に出さないタイプだったんです。もちろん取材などで聞かれれば話すんですけど、自分の本心とはちょっとずらしたことを言ったりしていたんですよね。

――それはまたどうしてですか。

福山　演じている僕がそのキャラクターについて語ると、それがある意味で正解と捉えられてしまうこともありますよね。でも、本当はそんなことはなくて、僕の言葉は、作品やキャラに対しての数ある解釈のうちの一つ。だから現場などで僕ら声優がそれを言ってしまうことに抵抗があったんです。今では思ったことを素直に言うようにしているんですけど、どう受け止められてもいいやと開き直っているのではなく、むしろ逆なんです。最近は、〝福山はこう言っているけど、でも僕はこう思う〟というように、スタッフさんと作品やキャラクターについて自由に話し合える土壌が少しずつ育ってきたかな、と感じますね。

――なるほど。意外だったのが、吉田さんも福山さんも、もともとコミュニケーションが大の苦手という点です。

福山　苦手ですね（笑）。僕の場合は自分の世界観が固まっていることが原因なんですけど、吉田さんはまた違っていて、オープンマインドなんだけど人見知りという感じ（笑）。でも現在は、独自の会話術を開発されて、すごくコミュニケーション能力が高いですよね。個人的には、吉田さんがおっしゃっていた「何を話すかではなくて、どう話すかが大事」という言葉が刺さりました。あの時、僕は一人語りのラジオをやっていたんですけど、対談以降はかなり気持ちがラクになって、以前よりも自由に喋れるようになった気がします。

吉田尚記
（アナウンサー）

――疑問や興味をもった際のお二人の行動の違いも、それぞれで面白かったです。

福山　僕の場合はひたすら自分の頭で考えて、結果的に自分が納得できればそれでいいと思うのですが、吉田さんは真逆でしたね。

――分からないことがあれば、すぐに答えを知っている人に会いに行くのだとお話されていました。

福山　アナウンサーという職業柄、事実を正確に伝える必要があるので当然だとご本人は思っているかもしれませんが、あのフットワークの軽さはなかなか真似ができないです。尊敬しますね。

――では、第二回の音響監督・鶴岡陽太さんです。福山さんにとっては恩人的存在ということで、まるで先生と生徒のような関係性に見えました。

福山　まさにそんな感覚でした。同窓会で久しぶりに会った恩師みたいな（笑）。実際には、鶴岡さんとは今でもしょっちゅう現場でお会いしているので同窓会ではないんですけど、サシであれだけしっかりと対談することなんてなかったので、僕としてはすごく貴重な体験をさせていただきました。それにこの対談は、業界内でも話題になっていて、ほかの声優仲間に羨ましがられた対談でした。

――若手時代の福山さんに「勝算はあるのか？」や「誠意をもて」と言葉を投

げかける、独特の指導法に驚きました。

福山　音響監督さんにもいろいろなタイプの方がいらっしゃいますけど、鶴岡さんは業界でも珍しいくらい「声優に考えさせる人」なんです。それが肌に合う声優もいれば、明確な答えがほしいという声優もいるとは思うんですけど、僕に限っていえば、若手の頃に「答え」をもらわなくて良かったと感じています。おかげで、徹底的に自分で考えるクセがつきましたし、そもそも日本語や発声をしっかり勉強しないとダメなんだということを実感することができましたから。もし最初から「答え」を教えてもらっていたら、僕の場合はきっとすぐに頭打ちになっていました。

――目先の芝居ではなく、声優さん、作品のことを考えて問いを投げかけていらっしゃるのが伝わってきました。

福山　そうなんですよね。もちろん誰にでも謎めいた言葉を投げかけているわけではなくて、最初から優秀な人には何も言わないと思うんです（笑）。だけど、僕みたいな異端な落ちこぼれにそういう言葉をかけて、見捨てないでいてくれる。個々の声優が鶴岡さんから投げかけられた言葉に対して真剣に向き合うことができれば、きっといつかはその意味に気付くはずだし、きっと鶴岡さんもそこをじっくりと見てくださるんだろうなと感じました。

――若手時代の福山さんのような存在が、業界から消えてしまうとしたら「寂しい」ともおっしゃっていましたよね。

福山　厳しい方ですが、すごく愛のある方でもあるんです。ご本人は「すぐに引退するよ」とかうそぶくんですけどね（笑）。これからも異端で特殊な若手を引き上げていっていただきたいです。

――その一方で、「日本語のことは声優部でやってきてほしい」という率直なお気持ちも吐露されていました。

福山　それはもうおっしゃる通りなので、僕としては気が引き締まりました。僕は最近、現場での鶴岡さんの表情に注目しているんです。声優陣に見せる表向きの顔ではなくて、僕らから背を

鶴岡陽太
（音響監督）

向けた一瞬の表情を覗き見ては〝やっぱり納得がいっていないんだな〟と思うこともあります。

――どうしてそんなことを？

福山　鶴岡さんからより多くのことを学びたいからです。それには声優に面と向かってかける言葉や表情よりも、その裏側を見たほうがより正確だと思うんです。だから密かに様子をうかがって、自分に取り込めるところはないかといつも考えています。

――なるほど。続く第三回は脚本家の上江洲誠さんとの対談でした。偶然にも上江洲さんご自身がターニングポイントを迎えたタイミングということもあって、対談ではかなり深い部分の本音を語っていただきました。

福山　上江洲さんご自身は、キャリアを振り返って「これまで器用さでやってきた」とおっしゃっていましたよね。もちろん、脚本家、シリーズ構成としての上江洲さんは圧倒的に器用で、まさにあの仕事量が物語っていると思うのですが、生き方に関してはむしろ世渡り下手で、僕からするとそこが魅力的なんです。だからこそ、40歳を超えて大きく変わろうともがいているわけで、同世代としてその葛藤はすごく分かりますし、それを実践されているので、なんて素晴らしい方なんだろうと思いました。

上江洲 誠
（脚本家）

――福山さんとの関係性でいえば、とくに『暗殺教室』が大きいですよね。

福山　これは対談でも話したと思いますが、とにかく『暗殺教室』という作品は関係者全員の熱量が非常に高かったんです。そこまで熱量を感じる作品というのはすごくレアなんですけど、僕からすると上江洲さんの存在や振る舞いがとても大きかった。初めてお会いした時から、ギラギラした人だという印象があったんですが、あの時はそれが最高潮で（笑）。キャストの座長を僕が務めるうえで、それがとにかく心強かったです。上江洲さんはシリーズ構成という作品の中核の立場で、これだけの熱量の現場を駆け抜けたわけですから、そのことも以降のご自身の仕事観に影響したんじゃないでしょうか。

――熱量の高い現場を体験すると、どうしてもそこを基準に考えてしまう。

福山　そうです。僕にとってはそれが『巌窟王』だったんですが、あの作品以降、心のどこかで同じレベルの熱量を求めてしまう時期があったんです。先ほども言ったように、そこまでの熱量に達する作品はかなり稀ですし、そもそも意識的にスタッフ、キャスト全員の熱量を上げようと思って、上げられるものでないことも経験則で今は知っています。が、それは分かっていながらも、求めてしまう自分がいて。今の上江洲さんが当時の僕と同じ状態とは言いませんが、少しだけ似た部分もあるのかな、と。それだけに、今後の上江洲さんがどのような作品を生み出していくのかは楽しみで仕方ないんですよね。

―また上江洲さんと福山さんのタッグが見られるのも楽しみです。続いて第四回は、アニメーターの山根理宏さんです。

福山　山根さんも本当に僕の声優としての価値観に大きな影響を与えてくれた方です。若手時代に山根さんと出会えていなかったら、今とはまったく違った考えをもった声優になっていたかもしれないので、鶴岡さんとは違った意味で大切な恩人なんです。

―「キャラクターはアニメーターと声優の共同作業で生まれる」という、まさにアニメの醍醐味を感じられる対談でした。

山根理宏
（アニメーター）

福山　なぜ僕は声優という仕事がこんなに好きなんだろうと考えたら、そこに結論があったんですよね。アニメーターさんが作った画に声優が声を当てて、さらにいろいろなスペシャリストたちの手を経由して、最終的に視聴者に伝わっていく。このリレーのような一連の工程が大好きなんです。番宣やイベントなどで表舞台に立つのはどうしても監督や声優だったりしますけど、僕ら声優がやっていることなんて本当に一部分。もちろん視聴者の方もそんなことは十分理解されているとは思うのですが、もっとアニメーターさんたちのすごさを知ってもらいたいという気持ちが昔から強いんです。

―あくまで一介のアニメーターでいたいという山根さんのこだわりを感じましたし、その職人肌が粋でした。

福山　『鬼滅の刃』のヒットを喜んでいましたよね（笑）。山根さん自身は関わっていないのに「アクション作品の素晴らしさが世間に広く伝わった」と。僕の場合、例えば自分が出ていないヒット作品を観たら出演者に嫉妬してしまいますから、人間としての器の大きさが違います（笑）。さらに山根さんは自分のことだけでなく、あくまでアニメーション業界全体のことを考えていらっしゃるので、見習いたいところばかりなんです。

―良いアニメーションを作るためには「コミュニケーションがもっとも大

福山潤の
七つ道具1

ノート型パソコン

僕は粗忽者でよくパソコンを落としてしまうので、とにかく丈夫なものを追い求めた結果、このシリーズに行き着きました。もう10回以上落としてるのですが、不具合を起こしたことはないので、使い続けています（笑）。これで台本を読んだり、事務作業を行ないます。

切」とおっしゃっていたのも印象的ですね。

福山　僕も昔は先輩も後輩も関係なく、アニメーターさん同士がガンガン議論を交わしている場面をよく見てきました。でもそれは声優にも同じことが言えると思うんです。今の収録現場で、声優とスタッフはともかく、声優同士が屈託なく意見を出し合える環境があるかというと、そうではないですから。山根さんも、アニメーター同士の関係もだんだんと希薄になりつつあるとおっしゃっていたので、これはやっぱり業界として一つの問題なのかなと思いますし、それを変えていくためにどうしたらいいかは自分のこととして考えなければならないですよね。

――その意味では、新たな課題が生まれた対談でもあったんですね。お次はお笑いコンビ、ハライチの岩井勇気さん。岩井さんと福山さんは配信番組で一年間の共演経験もあり、かなり気心の知れた関係ですよね。

福山　そのはずなんですけど、僕はいまだにあの人が怖いんです（笑）。岩井さんって、何を考えているのか、人に悟らせないじゃないですか。それは出会った時から今まで一貫して変わらないんです。だからこの対談では正体を暴いてやろうと企んでいたんですけど、ダメでした…（笑）。

ハライチ 岩井勇気
（芸人）

――正体ではないですが、岩井さんのアニメや「笑い」に対する熱い想いは十分に伝わってきましたよ。

福山　岩井さんのアニメ愛はガチで純粋なんです。ただ僕に関してはあまり興味がないと思います（笑）。

――そんなことはないと思いますけど（笑）、おふたりの距離感も絶妙でした。

福山　それはそれで全然いいんです。僕としては、本業のほうで一線に立たれている、一流の芸人さんがこうしてアニメの魅力を伝えてくださるだけで本当に嬉しいですから。岩井さんはいわゆる「アニメオタク」と呼ばれて世間から敬遠されがちなステレオタイプの像を、自然な形で壊してくれているような気がしますよね。岩井さんご自身から語られるアニメの魅力って「萌え」や「イケメン」の一点張りではないですし、もっと深いところもちゃんと観てくれて、楽しんでくれている。芸人さんがそういうスタンスでアニメを観賞してくれることが純粋に嬉しいですし、岩井さんのような人に〝面白い！〟って思ってもらえるような作品を作りたいと、対談を経てあらためて思います。

――岩井さんのMCが独特だという話も盛り上がりました。

福山　今はアニメイベントやアニメ特番の在り方も急速に変化していて、どんどん多様化していますよね。司会者やMCの方々がそのイベントや番組なりのクオリティを左右するスタイルも増えています。そんな時代の移り変わりを察したかのように、岩井さんの司会術がスルリと台頭してきていることを考えると、やっぱり恐ろしく計算高いですよね（笑）。僕が畏怖の念を覚えるのって、岩井さんの底知れぬ「頭の良さ」のゆえんかもしれません。

——最後はサンキュータツオさんです。今回は芸人としてのみではなく「日本語学者」としても対談いただきましたね。

福山　タツオさんとはずっと日本語についてのお話がしたくて、僕としてはついに念願が叶いました。僕が聞きたいことを一方的に聞いただけで、何もリターンできずにタツオさんには申し訳なかった気もしますが、個人的には大満足でした。

——福山さんは以前から日本語の文法や用法について疑問を抱くことも多かったとのことですが、対談を通じてもっとも大きな収穫はどんなところでしたか。

福山　結論としては「言語は変化するもの」で、「正しい日本語」や「間違った日本語」というものさえ、かなり曖昧な部分が多いということ。そこだけを切り取ってしまうと身もフタもなく聞こえますけど、だからといって僕らが言葉にこだわる必要はないとか、辞書を持ち歩く意味がないとなったらそれこそ終わりだとも感じました。むしろ、曖昧だからこそ自分にとっての正しい日本語とは何かを執念深く考える必要があって。少なくともココの部分が曖昧だと分かれば、それを調べて、理解したうえで選択することができますよね。僕が日本語について疑問に感じていたこと、それ自体は間違ってはいなかったんだなと少し安心しました。

——対談の終了時間を過ぎても、専門的な日本語研究についてお二人が話していらっしゃいました。

福山　実はこの対談のあと、タツオさんから日本語のアクセントに関する論文をいただいたんです。専門用語を調べながら読み進めていったんですけど、それがものすごく面白くて。日本語学者の方々って、日々こんなに細かくて地道な作業をしているんだと感動しましたし、これまでモヤっとしていたことが晴れていって自分なりに納得することができたんです。もちろん完全に理解できたわけではないのですが、僕にとっては大きな収穫でした。そういう意味でもタツオさんからはもらってばかりなんです。

——そもそも、これだけ日本語に精通している学者が芸人であり、かつ生粋のアニメファンということが奇跡的な

福山 潤の
七つ道具2

多機能ボールペン

4色ボールペンにシャーペンが付いた多機能ボールペンです。台本にメモを書き込む際は、自分の出演部分を赤で囲い、注意点やタイムコードなどを青で書き込むなど、何色か使い分けます。替芯もたくさん持っているのですが、いつも使い切る前に本体をなくしてしまうんです（笑）。

サンキュータツオ
（芸人、日本語学者）

気がしました。

福山　本当にそうです（笑）。芸人さんだから話も面白いですし、本気で僕の事務所のスクールで特別講義をしていただきたいんです。声優を目指している人に、「日本語って面白いんだな」と感じてもらえたら嬉しいですし、そういう人たちが増えれば、声優業界の未来が明るいんじゃないかなと思っています。

声優の本質を見つめ直す時

――ここからは、福山さんが考える「声優業」、あるいは「プロフェッショナルとは何か？」というテーマで深掘りしていきます。すでに対談内でも明らかになっていますが、福山さんは裏方志向が強く職人気質であるとともに、技術に対するこだわりがとても強いですよね。

福山　それは間違いなくそうです。性格的にも突き詰めるほうですし、何より、レジェンドと呼ばれる方々のお芝居や存在の在り方に憧れてここまできていますから。

――レジェンド声優さんの、とくにどんなところに惹かれるのでしょうか。

福山　基本的なことですが、まずお芝居が本当に素晴らしいんです。例えば、ポケットに手を突っ込んだままの姿勢で収録していても体幹は一切ブレていない。どれだけ時代が移り変わっても絶妙な柔軟さで対応されている方が多いですよね。それでいて、無機質に区切られたようなブレスのすぐそばに、その人にしか出せない個性的な音を少しだけ入れたり。さりげなくやっていることの一つひとつが高度で精緻、しかも的確なんです。

――それは純粋にカッコいいですね。思わず憧れて、真似をしたくなりそうです。

福山　若手の頃に、それを真似しようと試みた同期を何人も見てきていますが、誰も真似できません（笑）。その人の個性のようなものが本当の意味で自分に馴染むのって、少なくとも数年はかかると思います。途中で挫折しちゃうんですよね。でも中には頑なに自分の個性、味を続けて、最近になってようや

福山潤の
七つ道具3

デンタルフロス

歯並びがあまり良くないので、かれこれ20年くらいフロスを使っています。歯に食べ物が詰まった状態で収録していると気になって、場合によっては喋りにくくなったりするんです。なので、カバンにも必ず入れていますし、車にも常備している必須アイテムです。

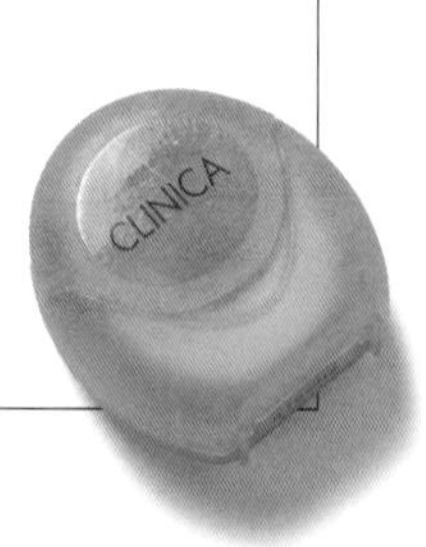

くモノにしている同世代もいて、それはそれですごいことだと思います。

——福山さんは、当時誰かの真似をしなかったんですか。

福山　しなかったです。若手の頃の僕は、逆に一切のクセを取り除こうと思ってやっていましたから。いったん無垢な形をマスターしてしまえば、それから新たにクセを取り入れることもできるだろうと考えていて。だから周りとは逆のアプローチでしたね。

——天の邪鬼ですね（笑）。いずれにせよ、そういったレジェンド声優の方々を目の当たりにしたことで、福山さん自身の方法論も見えてきた、と。

福山　ですね。ただそうはいっても置かれている環境はどんどん変わっていきますから、僕らが先輩たちと同じように振る舞うわけにはいかないわけなんです。結果として僕らの世代って、対談でタツオさんがおっしゃっていたように、顔を出してアーティスト活動をすることも増えていったんですよね。

——業界の環境がいろいろと変わってきた、その延長線上に今の声優ブームが成り立っているというところもありそうです。

福山　大きな流れとしてはそうです。けれど、今のブームには疑問もありますよね。

——それは例えば、メディアに露出し過ぎると本業がおろそかに…ということですか。

福山　それもゼロではないですが、それよりも僕が危険だと感じているのは、声優業界がどんどんメジャーになっていっていることの恐怖なんです。僕らの業界って、本来的にはもっとコンプレックスをもつべきだと思っているんですよね。そこは僕の想いの正否というより、長年のキャリアをおもちの富野監督に投げかけてみたいところでもあります。多分、アニメ業界もそうだし、声優業界においてもそうだと思うんです。僕が若手時代、尊敬する先輩たちに「どうしたら先輩のような声優になれますか」という質問をしたら、ほとんどの方から「声優になろうとしたらダメだよ」って答えが返ってきたのは忘れられません。

——どういうことですか？

福山　僕も当時は、なんでだろうって不思議に思っていたんです。でも今考えると、声の技術だけを追い求めると視野も狭まって、芝居の幅もなかなか広がらないという意味だったのだと理解しています。当時大御所と呼ばれて

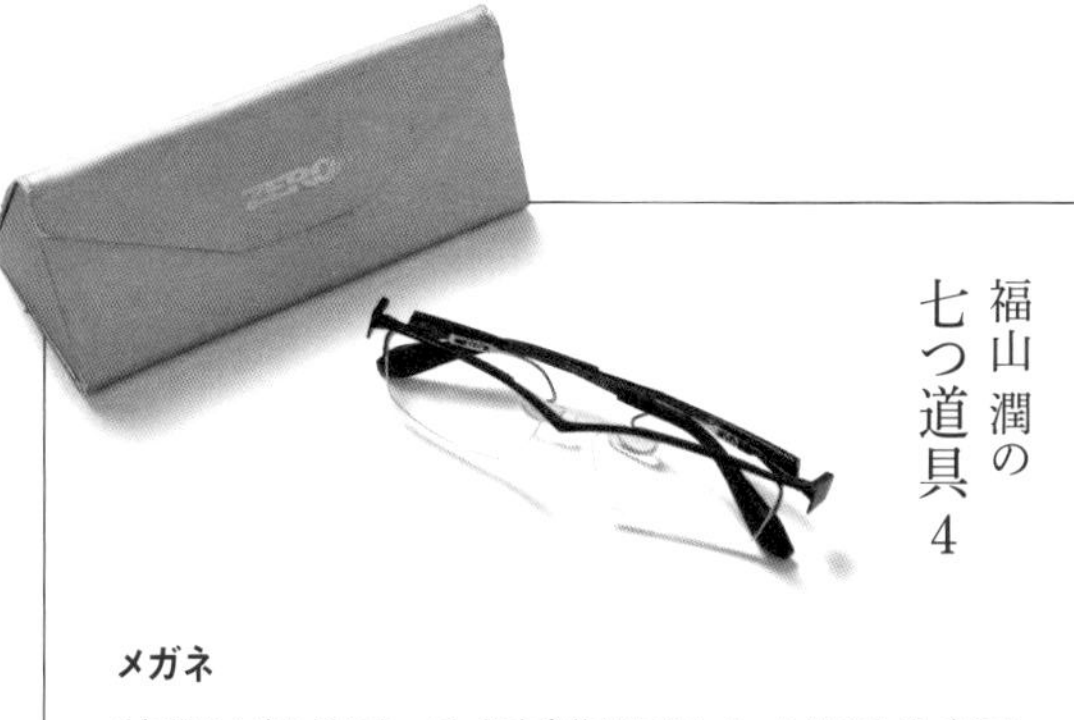

福山 潤の
七つ道具4

メガネ

3年前から疲れ目になって、視力自体は悪くなかったんですが、念のために乱視用メガネを作っておいたんです。それからずっと使っていなかったんですが、今年に入って台本など細かい文字が追いにくくなり、このメガネをかけたら見やすい！　今ではすっかり愛用しています。

いた声優さんって、舞台や実写でも俳優をやりながら、経済的な面で声優をやっていた方も多かったんですよ。それに、昔はアニメは子どもが観るものという風潮もあったので、そこに反して、先達の方々は〝今に見ていろ！〟というハングリー精神も強かったでしょうから。

——それが業界の地位向上に繋がっていったんですね。

福山　今とはまったく環境や条件が違いますから、この令和の時代に同じようなハングリー精神やコンプレックスをもつことはもう不可能でしょう。それでもそういう精神のカケラはもっていないといけないと思うんです。今のところまだ声優はニーズがありますけど〝アイドルでもタレントでもない、声優なんだ〟という自覚をそれぞれがしっかりもたないと、これから先は声優の仕事も俳優さんに取って代わられていくんじゃないかと思うんです。

——すでにアニメ映画などは、実写の俳優さんたちが出演するケースも多いですよね。

福山　とくに近年は音響技術が進歩していますから、実写に近いお芝居でもしっかりと雰囲気を伝えることができますし、絵の情報量が増えるほど、俳優さんの演技が馴染むケースも多いのはみなさんもご存知の通りです。

——いわゆる「アニメのお芝居」というのは、キャラの表情や画の記号性をカバーするための技術でもありますから、例えるなら、作品の解像度が上がるにつれてその必要性が薄れていくんですね。

福山　だからこそ、「引く芝居」も「盛る芝居」も、どちらも声優ならではのしっかりとした技術を乗せることが必要だと思うんです。キャスティングをする側も、ビジネスですからある程度、出演者の人気を考慮するのは当然にしても、あまりにも技術面をおろそかにしていませんかと感じることもありますね。

——技術軽視、人気重視の傾向というのは、声優業界の未来を考えるとよろしくないですよね。とはいえ、人気が一般化したことによって、声優が小学生の人気職業としてランクインしているのも事実ですよね。

福山　そうです。僕はその価値観を逆転させたいなんて思ってはいません。そもそも価値観は多様であるべきですから。ただ僕としては〝もう少しだけバランスを考えましょう〟と言いたいだけなんです。それって若手が口に出せるものでもないですし、かといって大

福山潤の七つ道具5

ヘアゴム

髪の毛を伸ばしていて、長くなってきたので、持ち歩くようになりました。アニメのアフレコのようなマイクを使う収録というより、イヤホンやヘッドホンを使う際は髪が邪魔になるので留めています。キツめに縛ると頭皮が引っ張られてスッキリすることに最近気付きました（笑）。

御所が言うと、素直に受け止められない可能性もあって。だから僕らの世代が声を上げていかないといけないという気持ちをここ数年もっています。声優が完全なる人気商売になってしまう前に、もう一度本質を見つめ直す必要があるのかなと思っています。

——これは声優業界に限った話ではありませんが、動画配信やSNSの広がりによる人気というものと、誰もが作り手たり得る「個人主義の加速」というのも大きな風潮です。

福山　これは冗談ですが、声優界に限っては大御所の方のほうが、本当の意味で個人主義だと思います（笑）。それはさておき、技術を下の世代に伝えていくためにはもっとオープンにしていかないとは思いますけど、それはまた別の問題ですしね。

——一昔前は「見て盗め」が当たり前でしたからね。

福山　今はさすがにそれは通用しないですよね。

——一方、若い世代の声優さんはどうなんでしょうか。

福山　おそらく若手だってもっと先輩からいろいろと教えてもらいたいと思っているはずです。ただ今度は、僕ら中堅が、彼らに嫌われるのを恐れている。僕らが若手の頃は現場でも飲みの席でも先輩から説教やアドバイスを受けるのは当たり前で、その中で揉まれながら成長していったものですけど、今はなかなかそれがしにくい時代ですよね。ならば、そこは僕らの世代がやっていかないといけない。僕も手の届く範囲ではできるだけそうしようと行動しています。

——かつての福山さんは「他人には口出しをしない」というポリシーだったのが、徐々に変わっていったということですか。

福山　いや、それが考え自体は昔からそんなに変わっていないんです（笑）。他人に干渉するかしないかの選択肢を変更しただけなので、僕の中では根本に矛盾がないんですよね。

僕の武器はあまりに貧弱

——では、２０２１年現在における「声優・福山潤」の個性と内面に迫っていきたいと思います。最近の福山さんは、かなり個性的な役柄を演じることが多いですよね。福山さん以外に誰が演じら

福山 潤の
七つ道具6

スマートフォン

生活全般で欠かせないアイテムのほか、声優としては国語辞典やアクセント辞典がアプリとして使えるようになったことですごく重宝しています。分厚い辞書を持ち歩く必要もないですし、アクセントを音声で再生してくれるんです。6つの辞典を入れて使い分けてます。

れるんだろうと思うこともあるくらいですが、ご自身は現状をどう捉えていますか。

福山　もちろん、「ある役」があったとして僕以外にもその役を演じられる方はいくらでもいます。だけど、そう思っていただけることは単純に嬉しいです。ただ、そもそも僕みたいなタイプの声優は、気を抜いて成長を止めたらすぐにでも消えてしまうと思っています。制作サイドに気持ち良く起用してもらえる人間でいるために、そして手持ちの武器が錆びる前に、次の武器を研いでおくことを意識しているだけなんです。

――先ほど「若手時代にクセを取り除いた」というお話がありましたが、福山さんは一つの武器をひたすら磨いていくのではなく、むしろ次々と違う武器を生み出していく戦術をとっている印象があります。

福山　ええ、一つの武器で戦うには、僕の武器はあまりに貧弱過ぎるんですよ（笑）。だから何にでも対応できるだけの器用さを身に付けていくしかなかったんです。

――若手時代からそれを見越して取り組んでいたというのがすごいですね。

福山　僕の場合は、普通に戦ったら勝ち目のない人が、男性女性関わらず、同世代にゴロゴロいたんです。だから20代の頃は10年後の目標と、それを達成するために年単位の計画を立てていました。ただ40歳から先って、もうまったく計算できない（笑）。とくに45歳から先は未知の世界過ぎるので、その時までにどれだけの武器を準備できているかにかかっているのかなとは感じています。

――例えば、「武器」というのは具体的にはどういったものなのでしょうか。

福山　その一つはごくシンプルです。少年から老人までの一人の人間を演じられるようになることです。それができれば一つの大きな武器になりますから。できれば50歳までにはそのスキルを獲得したいと思っているんですが、どうなるか（笑）。

―楽しみにしています（笑）。先ほどの「引く芝居」と「盛る芝居」のことも考えると、全年齢でどちらの芝居にも対応できるのが理想なんですか。

福山　そこを僕はあえて「盛る芝居」でいきたいと考えています。世の流行は確かに「引く芝居」なんですけど、「盛る芝居」をオーパーツにしないために（笑）。何より「盛る芝居」というのはアニメならではなので、声優としての醍醐味ですよね。

―「クセを取り除く」ことにしろ「盛る芝居」にしろ、福山さんは常に周囲とは真逆のことを追求されてきましたよね。そこに福山さんならではのプロフェッショナリズムを感じます。

福山　結局、周りが「引く芝居」をすればするほど、今度は「盛る芝居」がレアな存在になっていく。それに、減少したとしてもアニメから「盛る芝居」が消えることはないと思っていますから、僕にとっては全然ギャンブルではないんです。

―なるほど、むしろ生存戦略的というか。

福山　ですね。この本の対談を読めばみなさんに分かってしまうと思いますが、僕はもともと何の知識もない人間です。わずかな社会経験もなく、声優になった人間なので、そこには少なからず負い目がある。だからこそ、いくつになっても、ゆっくりでもいいから勉強していきたいし、いろいろなことを体験したいという気持ちがずっと大きいんだと思います。

―声優業界におけるコンプレックスの重要性は、すでに福山さんがご自身で実証されていたんですね。

福山　そうかもしれません。本当は知識もなければ、経験もなく、人が苦手だった人間です。ただ、今はそうは思われたくないから歯を食いしばって必死で頑張れるし、キツいけど、楽しいっていうのがあります。僕の場合は、その過程にしか「プロ」という言葉の本当の意味を見出せませんでした。だから、この対談の中で見えた人間の弱さや強くなっていく過程が、少しでも読まれた方の励みになれば、それがいちばん嬉しいですね。

福山潤の七つ道具7

筆ペン

インクが仕込まれている筆ペンで、中でも中太を好んで使います。主にサイン用で、寄せ書きする場合は、僕だけ筆ペンだと浮いてしまうので、みんなが使っているものをそのまま使いますが、僕一人のサインの時は、ほとんどこの筆ペンで書いています。

Jun Fukuyama Professional Talk

HISANORI YOSHIDA

吉田尚記

アナウンサー

「好き」から出発した行動力で、誰もいない未開の地にたどり着く

アナウンサーとしての活躍のほか、近年は、
コミュニケーションが苦手な人々に向けて、優しい語り口で、
多くの著書を上梓する吉田尚記氏。
アニメオタクでコミュニケーションが苦手だったという二人が、
なぜ声優になり、アナウンサーとなったのか。
旺盛な好奇心と絶え間ない探究心で「未開の地」を探す二人の会話は、
様々な「気付き」に満ち溢れていた。

Profile

1975年生まれ、東京都出身。ニッポン放送アナウンサー。2012年、第49回ギャラクシー賞DJパーソナリティ賞を受賞。「マンガ大賞」発起人。バーチャルYouTuber・一翔剣の「上司」。その他アイドル、落語などにも精通する。ラジオ『ミュ～コミ＋プラス』（ニッポン放送）などのパーソナリティを務めた。著書の『なぜ、この人と話をすると楽になるのか』（太田出版）はベストセラーに。ほかに『コミュ障で損しない方法38』（日本文芸社）、『没頭力「なんかつまらない」を解決する技術』（太田出版）、『あなたの不安を解消する方法がここに書いてあります。』（河出書房新社）、『元コミュ障アナウンサーが考案した 会話がしんどい人のための話し方・聞き方の教科書』（アスコム）など多数。福山潤とは多数のアニメイベントなどで共演している。

吉田尚記

アナウンサー

司会者がアニメオタクという新風

福山　吉田さんと最初にお会いしたのって、いつでしたっけ？

吉田　いつだったかな？　でも『神霊狩／GHOST HOUND』のイベントでご一緒したのは明確に覚えていますね。

福山　そうですよね。07年か08年で、僕がアニメのイベントに出始めた頃ですから、やっぱりあれが最初ですね。

吉田　あれ？　福山さんはもっと以前から出ていませんでしたっけ？

福山　いえ、僕自身はデビューしてからずっと低空飛行だったので（笑）。

吉田　でも『無敵王トライゼノン』や『超重神グラヴィオン』とか、すでにいくつも主演されていましたよね。

福山　その当時はテレビアニメのイベント自体がさほどなかったですし、あったとしても女性キャストがメインで、男性声優はまだ一部の人しか表に出ていない時代だったんですよ。だから僕がイベントに出始めたのは20代後半になってからなんです。

吉田　そうだったんですね。確かに言われてみれば女性キャストのイベントばかりでしたね。

福山　ただ僕はデビューして2、3年目くらいの時に、声優雑誌の記事を読んで、一方的に吉田さんのことは知っていたんです。

吉田　そうなんですか？　ああ、『アニラジ』のMCとして小さく写真が掲載されていたんですね。

福山　そうです。当時の僕は今より13、4キロ痩せていたので、吉田さんの写真とめちゃめちゃ似ていて、驚いたんですよ。しかも吉田さんと会ったことのある周りの人からも「親戚なの？」って聞かれたりして（笑）。

吉田　マジっすか！

福山　はい。それに当時はアニメオタクのアナウンサーってなかなかいなかったですよね。イベントでご一緒した時、吉田さんは司会なのにアニメに詳しくて、進行役を超えていろいろな話を振ってくれるので新鮮というか、とても嬉しかった記憶があります。

吉田　ありがとうございます。僕自身が高校生の時からよくアニメイベントを観に行っていて、お客さんも登壇者もみんなが作品のファンなのに、なんで司会者だけは淡々としているんだろうと不思議に思っていたんです。アナウンサーになって業界を知ってからは、それも仕方ないなとも思うんですが（笑）。アニメオタクである僕からすれば、聞きたいポイントはあちこちに散らばっているので、イベントではそれを素直に出していっただけなんです。新鮮だと感じてもらえたのなら光栄です。

福山　吉田さんはいちファンとして自分の見解も述べてくれるし、けれど出過ぎないから、立ち位置が絶妙ですよね。当時の僕はイベントでどこまで自分のプライベートを出すべきなのか、立ち居振る舞いについて悩んでいたので、そんな中で吉田さんは自然とその

吉田尚記

アナウンサー

バランスを示してくれた気がして、すごくやりやすかったですね。

吉田　ありがとうございます。もともとアニメオタクだった人間がたまたまアナウンサーになっただけなので、そこはラッキーだったというか。オタクなので作品愛が自然に生まれちゃうんです。あと、「どうですか？」って普通に聞くだけじゃつまらないっていう考え方は、ニッポン放送という放送局のイズムでもあるんですよ。「いいからふんどしを脱げ」っていう（笑）。

福山　（笑）。でもそういう司会者は当時ほとんどいなかったですよね。たいていはキャストは横並びで順番にコメントを言っていくだけですから。そこに吉田さんの知見や洞察が入ってくると、もともと僕もアニメが大好きで声優になったわけですから、声優という立場以前にオタク心を刺激されて、ついつい熱く語っちゃったりもするんですよね。そうしたらお客さんもすごく好意的に反応してくれたりもして。

吉田　アニメファンとして僕は、司会をしているというよりお客さんの代表としてそこにいるという気持ちが強いんですよ。福山さんって、昔から興味の範囲がすごく広い方だと感じていて、そこの印象は昔も今もずっと変わっていないです。

福山　でも僕自身は20代と今ではイベントに対する意識はかなり変わったなと思います。僕はもともと人前に出ることには興味がなくて、アフレコとナレーションがやりたくて声優になった人間なので、公の場で自分のパーソナルな部分をどのくらい出したらいいのかはすごく迷っていたんですよね。

吉田　ああ、それは時々おっしゃっていましたよね。

福山　それが、25歳くらいの時に登壇したイベントがきっかけで考え方が変わったんです。岩田光央さんや速水奨さん、田中秀幸さん、森川智之さんなどそうそうたる面々とご一緒させていただいたんですが、お客さんを湧かせつつきちんと節度もわきまえていて、ものすごくハイクオリティで面白いなと思ったんです。それまでほとんどイベント経験がなかったこともあるんですけど、「自分もこんなにレベルの高いところを目指さないといけないのか」と怖くなった一方で、別の感情も芽生えたんです。

吉田　それはどんな？

福山　先輩方のすぐ側で見ていて感じたんですけど、彼らは決してぶっつけ本番でそれをやってのけたわけではないんですよね。お客さんにできるだけ楽しんでもらいたいという気持ちから、ものすごく真剣に考えて話し合いながら作り上げたものだったんですよね。それが分かってからは、僕も応援してくれる人たちにもっと多くの何かを提供すべきなんじゃないかという気持ちが芽生えたんです。ただそれでも自分のパーソナルな部分を前面に出すのは苦手でしたし、それはキャラクターを演じるうえでは邪魔なことなんじゃないかという葛藤もあって、当時はずっと試行錯誤していましたね。

吉田　僕はステージ上とステージ裏のどちらの福山さんも見ていて、本質的には昔から変わっていないと感じていましたけど、心情や意識はかなり違ってきているんですね。

福山　そうですね。ただ吉田さんが司会をされるイベントはいつもやりやすくてすごく楽しかったんですよ。ともすればセレモニーになりがちなところを気持ちよく崩してくれますから。『WORKING!!』のイベントなんて最高でしたよね。

吉田　あれはもうめちゃくちゃでしたね。昼と夜の2部制なのに、僕と福山さんがはしゃぎ過ぎて40分もオーバーしちゃったり(笑)。

二人の共通点は「コミュ障」

福山　とはいえ、吉田さんは僕のことをよく分かっていらっしゃるので、イベントでは本当にいろいろと引き出してもらっています。それにプライベートでも吉田さんが主催する食事会に呼んでいただいて、いつも刺激的で楽しませてもらっています。

吉田　ありがとうございます。僕は知り合った方々を一堂に招く食事会を定期的に開いているんですけど、福山さんはこれまでに何度も参加してくれているんですよね。

福山　吉田さんは人と人を繋ぐ能力が異様に高いですよね。まったく異なる業種の方々が集まって、しかもそれらが交わっていく。食事会に行かなければ一生縁がないであろう人たちともたくさん知り合えましたし、一種のカルチャーショックですよ。

吉田尚記
アナウンサー

吉田　そういえば、前回はJAXA(宇宙航空研究開発機構）の方々と話し込んでいましたね。

福山　そうそう。まさか深夜3時に軌道エレベーターの話で盛り上がるとは思いもしませんでした(笑)。そもそもなんでJAXAの方と繋がりがあるんですか。

吉田　僕がたまたまJAXAのイベントの司会をさせていただいて、そのツテで食事会に誘ったんです。JAXAの方々って、子どもの頃に『機動戦士ガンダム』や『宇宙戦艦ヤマト』を観て宇宙開発を志した人も多いんです。あの〝はやぶさ〟のイオンエンジンを作った宇宙科学研究所長の國中均博士の好きな言葉は「こんなこともあろうかと」ですから(笑)。

福山　『宇宙戦艦ヤマト』の真田のセリフですね（笑）。毎回誰が食事会に来るのかまったく知らないし、全員がほぼ初対面なんですけど、自分の仕事や好きなことを話していくうちに、不思議と会話が成り立っていくんですよね。

哲学の話になったかと思えばラグビーの話になって、仏教やキリスト教の話になるなど、まるでザッピングのように会話が進んでいく。

吉田　それがいいんですよね。

福山　そう。不思議と心地がいいんですよ。みなさん超絶頭がいいので、ついていくのにかなり必死ではありますけど（笑）。パブリックイメージからすると意外かもしれませんけど、僕はプライベートなコミュニケーションに関しては本当に受動的で、引きこもりに近いんですよ。普段のアフレコでさえ、スタジオの扉を開けるまでは毎回緊張しますから。一度入ってしまえばスイッチが入るのでラクなんですけど、こう見えてすごく人見知りなんですよね。だから異業種の、しかも初対面の方と話すのって本当ならいちばん苦手なことなんですけど、でもそれが全然嫌じゃないんですよ。

吉田　そうだったんですね。

福山　吉田さんの食事会は全員が同じ条件ですし、そこに集まっている方々が魅力的なんです。みなさんそれぞれの分野のプロフェッショナルなので、彼らがどういう言葉を使って何をどう伝えようとしているのかがすごく勉強になるんです。

吉田　僕も初対面の人と話すのは本当に苦手で、完全にコミュ障なんです。でもアナウンサーになっちゃったから、強制的に年間200回ほど「コミュ力」が問われる本番がやってくるんですよ（笑）。

福山　そうだったんですね。吉田さんが人と話すのが苦手ということも驚きですけど、それならなぜアナウンサーになったんですか。

吉田　入社試験に受かると思わなかったんで受けたら、偶然にも受かっちゃったんです。もともとオタクですから、好きなことについて延々と喋ることは得意だったんです。でも人に会ったり知らない人と喋るのは苦手という状態で。でも仕事だしやるしかないと臨んでみたら、どうやら相手側にも僕と同じような人はたくさんいるなと気付いたんです。実はコミュ障タイプの人って、相手が非コミュ障であればあるほど辛くなるんですよね。こちらの気持ちに微塵も気付かないし、理解もできないわけですから。でも同じコミュ障タイプ同士なら、少なくともお互いのしんどい気持ちは理解できますよね。だったらやりようはあるなと思って、心理学などを調べつつ自分なりのコミュニケーション術を構築して、最終的にはそれを本にしました。同じ境遇の人にシェアできたらいいなと思ったんです。

メディアの真髄はニュースにあらず!?

福山　吉田さんはアナウンサーでありながらも本を書いたり新しいラジオを作ってみたりと、いろいろなジャンルのプロになりつつありますよね。吉田さんはいったい何になろうとしているんですか（笑）。

吉田　まさに僕がここ数年考えている

吉田尚記

アナウンサー

のがそこなんですよね。自分は今なんでこんな感じになっているんだろうと(笑)。でも考えてみると、メディアの仕事って「調べてまとめて伝える」ことで、それって僕が小学生の頃からライフワークとしてやってきたことでもあるんです。

福山　子どもの頃からですか。

吉田　小学一年生の頃から、興味のある新聞記事を切り抜いてはスクラップにしていたんです。きっと僕はメディアという仕組みそのものが好きなんですよね。例えばそれがテレビだと、〝調べる〟、〝まとめる〟、〝伝える〟がそれぞれ分担されて、一人ではできないじゃないですか。だけどラジオであればそれが一人でもできる。だから僕はラジオが好きなんだと思います。

福山　なんとなく分かるような気がします。けれど、僕は真逆のタイプかもしれません。

吉田　そうですか?

福山　僕も調べ物は好きですし、人よりも疑問を抱くことが多い子どもではあったんですが、僕はリサーチして伝えるというところにはいかず、自分なりの仮説や推論を立てて、それで満足することが多いんです。すごく身近なことで言えば、小学生の頃はみんなアニメが大好きでしょっちゅうごっこ遊びをしていたのに、中学生になると急にアニメから離れて、僕のようにずっとアニメ好きな人はいつの間にか「マニア」と呼ばれてしまう。

吉田　ああ、まだ「オタク」という言葉は一般的ではなかったんですね。

福山　そうなんです。ある時を境にして急にメジャーとマイナーが、普通と普通じゃないこととしてはっきりと区別されてしまう。これはどうしてなんだろうって。ただそういう時に、クラスのみんなに聞きまくって統計を取るとか、大人に意見を求めるとかはしなくて、あくまで自分の頭でこうなんじゃなかろうかと推論を立てて、自分にとっていちばん納得のいく答えを導き出すやり方をしていたんです。思弁的というか、客観的な事実や周囲の意見はどうであれ、僕の中で確証があればそれを結論として採用する。そうやって自分なりの答えを導き出していく工程に喜びを感じるタイプなんですよね。

吉田　それは確かに逆かもしれませんね。僕は疑問に思うとすぐに専門家に会いに行っちゃいますから。つい最近もそういうことがあって。ふと「しょうがない」っていう気持ちはどこから生まれるんだろうと思ったんです。人は生まれる環境を選ぶことができないですし、それによって人生が左右されることもありますよね。「それって本当にしょうがないことなの?」って。それでいろいろと調べていたら、どうやら仏教がその答えをもっているらしいということになり、今はお坊さんをブッキングしようと奔走中なんです(笑)。

福山　すごいですね。そういう吉田さんの行動力は僕にはないので、昔からすごく尊敬しています。でもきっと普通のアナウンサーの域を超えていますよね。

吉田　そうかもしれません。だけど、僕が考えるメディアの真骨頂というのは、より多くの人にニュースを伝えるということではなくて、ニュース源や異分野を交流させることで、本来は生まれない発見や新しい価値を生み出すことだなと思うんです。例えばこれは予防医学研究者の石川善樹さんがおっしゃっていたことなんですけど、古文の研究が地震の研究に役立つことがあると言うんです。

福山　どういうことですか？

吉田　不思議ですよね。日本語って、世界的に見てもかなり変化の激しい言語らしいんですね。だからとある文献に大地震のことが記載されていたとして、科学的な調査ではその年代が特定できなくても、古文研究の言語学的な観点からこれは奈良時代のこのあたりに起こったことだと分かったりするらしいんです。それぞれの分野研究だけでは決して導き出せなかったことが、交わることで新たな価値が生まれて真実に到達することがあるんですよ。

福山　なるほど。メディアにはそれを売らせて伝える力がある。

吉田　可能性は秘めていますよね。僕が本質的にやりたいのはそれで、異業種の方々を招いての食事会を主催するのもその一環なんです。そもそも僕がアニメを好きなのも根本的には同じ理由なんですよ。

福山　というと…。

吉田　革命的なアニメって、往々にしてその時代ごとにアニメらしくないであろうモチーフを、作品にもち込んでいたりするじゃないですか（笑）。アニメだけを観て育ったクリエイターが作ったアニメって、僕はあまり刺さらないんです。そこは富野由悠季監督のイズムに近いと思うんですけど、それこそ福山さんに近いところでいえば『コードギアス』の谷口悟朗監督もそうですよね。

福山　ああ、確かにそうですね。谷口さんはもともとアニメ畑の人ではないとお聞きしました。その意味では、僕も声優として素晴らしい先輩はたくさんいらっしゃいますけど、だからといってその声質や雰囲気を再現したいとは思わないんです。自分が好きだったアニメがこうだったからということではなく、結果はどうであれ自分なりにそのお芝居に至るまでのプロセスをしっかりと作ることが大切だと思っています。僕は僕自身のお芝居を通じてアニメを観ている人たちに鳥肌を立たせたいという気持ちがいちばんのベースにあるんです。

吉田　それが素晴らしいと思います。アニメだけを観て育っていたなら、それってなかなか生まれ得ないですからね。

ラジオのトークは HOWが大切

吉田　福山さんもラジオのパーソナリティを経験されていますが、福山さんからご覧になってラジオの魅力ってどんなところにあると思いますか。

福山　そうですね。ニュース解説など

吉田尚記
アナウンサー

は音以外に情報がないのでラジオのほうがより深く入ってきますし、自分でいろいろと考える余地を与えてくれるので、自分にとっては欠かせない情報源だなと思います。

吉田　ですよね。国際政治の話なんて、もう絶対にテレビよりラジオのほうが面白いですよ。政治の話って画が用意できないからおじさんが延々と話すだけになってテレビだと画面が保ちませんけど、ラジオならまったく問題ない(笑)。それにテレビって、映像も音声もすべて「過去」のものなんですよね。たとえ生放送だとしても、ほとんど内容は決められていますし、出演者一人が喋れることなんてほんの数秒。でもラジオは一人が5分も10分も喋るじゃないですか。だから本当に感じていることや今思っていることが伝えられるんです。そこがテレビとラジオの決定的な違いだと思います。

福山　確かに僕がラジオが好きなのって、ただの情報や知識を拾うだけじゃなくて、話し手の考え方が伝わってくるのも大きい気がしますね。それに僕はだいたい車の運転中に聴いているんですけど、運転という別の作業をしながらでも気になる情報って、きっと自分にとって本当に必要なものなんだとも思うんです。それもあって、この7年間くらいはほぼ毎日ラジオにお世話になっています。

吉田　ありがとうございます(笑)。

福山　ただいざ自分がラジオで喋るとなるとこれはまったく別で、つくづく自分はフリートークが苦手だなと感じます。いまだに何を喋っていいのか分からないんですけど、これってどうしたらいいんですかね。

吉田　ラジオを20年やってきて、最近ようやく答えが出たんですけど、ラジオって何を喋るかはまったく問題ではなくて、どう喋るかに尽きるんです。例えば伊集院光さんは何十年も冠番組をやられていますが、必ず「今週気付いたこと」で始まるんです。「今週あったこと」ではないんですよ。

福山　そうか、それは衝撃ですね。僕は最近起こった面白い出来事を一生懸命探していました。

吉田　そうですよね。ついそうなりがちなんですけど、どうやら違うみたいなんです。その昔、大槻ケンヂさんのラジオで「朝起きたら全裸だったが、なぜか靴下だけははいていた」というエピソードがあって、大槻さんはそれをパンツよりも靴下の着用を重んじる宇宙人にさらわれたんじゃないかという仮説を延々と語るんです。酔っ払って寝てしまっただけの話がＨＯＷ次第でとてつもなく面白くなる好例なんですけど、ラジオってそういうことなんですよね。

福山　なるほど(笑)。僕はそもそも自分の考えを公共の電波で流すこと自体に、まだどこかで抵抗があるのかもしれません。これを言うことで誰かが傷付くんじゃないかとかをついつい考えちゃいますし。

吉田　その気持ちはすごく分かります。けれど、語り手の旗色が鮮明じゃないラジオって、聴いていてモヤモヤす

るんですよね。右でも左でもいいからとにかく宣言していくのがラジオの醍醐味。これは神田伯山さんの言葉ですが「ラジオは、工夫を凝らした大人の本音が聴けるメディア」だと。まずは本音を出すことが何より大切で、そのうえで工夫を凝らせれば最高なのかなと思います。ただ、その工夫というのはプロでもなかなか難しいんですけどね。でも僕はずっと福山さんはラジオの素質があると思っていたので、きっと大丈夫だと思いますよ。

福山　ありがとうございます。そういえば10年くらい前にも吉田さんからメールで「パーソナリティのオーディションを受けませんか?」と誘いをいただきましたよね。

吉田　ああ、そうでした！　あの時は『オールナイトニッポン』の新しいパーソナリティを探しているという話を編成から聞いて、個人的に「面白い」と思う数人の方に連絡をしたんです。

福山　そうだったんですね。でも僕のどんなところに素質があると感じられたんですか。

吉田　僕はラジオをやる人にとって必要な資質は二つあると思っています。一つはいろいろなことに興味があり、よくモノを知っている人。もう一つは簡単に泣かないことです。人間って泣くとそこで思考が停止してしまいますからね。その意味で、福山さんはそのどちらも兼ね備えているので、僕はずっと「ラジオをやればいいのに」と思っていたんです。

福山　すごく勉強になります。あの時の僕はまだ20代で作品に関連しないラジオは未経験でしたし、何よりも公共の電波に個人的な言葉を流すということにものすごく恐怖を感じていて、それでお断りさせていただいたんです。あの時は、ご期待に添えず申し訳なかったです。

吉田　いやいや、あれは業務としてオファーしたわけでもないですし、本当に私的なメールでしたから。まったく気にしないでください。

福山　でも今日教えてもらったことは、ぜひこれからのラジオに活かしていきたいです。

「声優とは何か？」を言語化したい

福山　吉田さんの今後の夢や目標ってなんですか。

吉田　最近よく思うのは、「僕がすべてを知ることは無理」だということ。だからこそ疑問に思ったらすぐに専門家に会いに行くんですけど、僕としてはそれを吹聴して回ることで思わぬ発見が生まれることがいちばん楽しい瞬間なんです。

福山　でもここまで活動の幅が広がってくると、会社員との両立は難しくないですか。フリーになろうと思ったことはないんですか。

吉田　ないですね。僕が局アナを辞めないのは、仮に個人活動が鳴かず飛ばずでも大丈夫だからなんです(笑)。もし会社員を辞めたらビジネスとしてお金を生み出さないといけなくなりますよね。そうすると、きっとヘンな邪念が生まれてしまうと思うんです。先ほど話に上がった僕主催の食事会にしても、僕はお金儲けに貪欲な匂いがする人は絶対に呼ばないようにしているんです。せっかくの楽しい食事会が面白くなくなるじゃないですか。それもこれも、局アナとしての立場が保証されているからできることだとも思うんです。福山さんも、例えばこの作品は大ヒット間違いなしだからいつもより気合いを入れるとか、そういうことはないですよね。

福山　ないです。むしろ最初に「この作品は10年続きますから」なんて言われたら、おそらくやらないです。

吉田　なぜですか?

福山　キャラクターの声を10年間も維持し続けるのって、想像以上にしんどいんですよ(笑)。1クール作品が結果として10年続く作品になったというのとは、精神的な負担が全然違うと思います。もちろんやれと言われればできますけど、最初の時の熱量を維持するのは難しいですし、何よりもその「慣れてしまう」感じが嫌なんです。仕事が「やっつけ」感覚になることは絶対ないにしても、結果としてそうなってしまうことが怖いんです。吉田さんの場合はどうですか?

吉田　「やっつけ仕事」はしていない自信はあります。ただ僕の場合は毎回ゲストも違いますし、司会業は常にアウェーで一発勝負なので、「やっつけ」になりようがないのかなとも思っていますね。

福山　長くやっているレギュラー番組でもルーティンにはなったりはしないんですか?

吉田　ならないですね。毎回うまくいくかどうか不安で、緊張しています。それでもうまく集中できる時もあれば、なかなか集中できない時もあるじゃないですか。なので、どうやったら自分がいちばん集中できるのかを自分なりに調べて、それを『没頭力「なんかつまらない」を解決する技術』という本にしたりもしました。

福山　それを本にする行動力がすごいですね(笑)。

吉田　ポジティブ心理学とフロー理論というものがあって、それによるといったん緊張してからリラックスするという流れでしかいい集中って生まれないらしいんです。だから、そもそも緊張しないというのはいちばんダメなんです。

福山　ああ良かった。僕はいまだに台本にないセリフを言う時には手が震えますから(笑)。

吉田　それも意外ですよね。そういうギャップが、福山さんと話していて楽しいところなんですよ。福山さんは今後どんな声優になっていきたいとか、そういう目標ってあるんですか。

福山　最近は「声優とは何か」ということを、自分なりに言語化して伝えることができるようになりたいと思うようになってきました。僕は単純にお芝居が好きだからという理由で声優になってここまでやってきたんですけど、人に対して「これが声優の仕事ですよ」と

吉田尚記
アナウンサー

説明できるのか、自分でも疑問なんです。もちろん自分なりの解釈や見解はあるし、それはひとまず伝えることはできると思うんですけど、方法論や価値観って人それぞれですから。

吉田　もっと客観的に声優という職業を捉えたい？

福山　そう。そこがずっとモヤモヤしているんです。僕が声優を始めてからの20年間のことなら、僕の見ている範囲でおおよそのことは分かっているつもりなんですけど、当然それ以前にも歴史はあるわけです。でも今現在レジェンドとして活躍されている大先輩方は、ご自身のことをあまりあけっぴろげには語りませんし、ましてや技術の核心部分は秘伝とされている人も多いんですよね。それはそれで素晴らしいと思うんですけども、僕はそれらを紐解いて、ちゃんと理論立てたうえで残していくことも必要だろうとも感じるんです。それには芝居論や歴史の情報を集めることも必要ですけど、何よりもそれを伝えるための〝言葉〟がより重要になってきているなという感覚があるんです。そこは誰が聞いても理解できるような言語能力を僕自身が身に付けないといけないと思います。僕が声優以外の仕事も積極的にやっているのは、一つにはそういう理由もある気がします。声優の目線でいろいろな世界に入っていくことで、外側から声優という職業を客観的に見つめることができるんです。

吉田　素晴らしいですね。

福山　ありがとうございます。吉田さんは、そういう責任感や義務感のようなものを仕事の中で感じたりすることはありますか。

吉田　僕の場合は、先輩とか後輩とか、もっと言えば業界の発展のことを考えてというよりも、基本的には僕自身の楽しみのためにやっています。こんなにたくさん未開の地があるのに、なんでみんなはここに行かないんだろうと不思議に思って動かずにはいられない感じです。この20年、誰も行かない場所へ行っては「ほら、やっぱりここには誰もいないよ」っていうことをやり続けているだけです。その結果としてコミュニケーションに関する本を何冊か書くこととなり、それが誰かの役に立つこともあって、それはすごく幸せだしラッキーなことだなと思っています。それくらいの意識です。

福山　フットワークが常に軽いですし、とにかくバイタリティがすごいですよね。

吉田　作家の開高健さんの言葉に「書くということは、野原を断崖のように歩くことだろうと思う」という一文があるんですけど、人生もそれと同じで、ボーっと生きてるんじゃねえよって思います。それを自分の行動力で実践していきたいです。

Jun Fukuyama Professional Talk

YOTA TSURUOKA

鶴岡陽太

音響監督

「スタンダード」を示し続けることが、次世代へのバトン継承に繋がる

「音響監督」とは、アニメの中で聞こえるキャラの声、劇伴、SEなど、ありとあらゆる音をディレクションする仕事だ。鶴岡陽太監督は、数々の名作を手掛けてきた音響監督の大ベテランで、声優界では知らない人はいないほどの人物。まだ新人時代の福山に厳しい「問い」を投げかけ、今もその言葉が福山の胸に響いている。師と弟子のような関係性の二人の対話を堪能してほしい。

Profile

1959年生まれ、東京都出身。1996年に楽音舎を設立し、数々の人気作を手掛けている。近年のテレビアニメの音響監督作に『涼宮ハルヒの憂鬱』(06年、09年)、『化物語』(09年、12年〜15年、19年)、『けいおん!』(09年、10年)、『魔法少女まどか☆マギカ』(11年、20年、21年)など。映画では、『劇場版 響け! ユーフォニアム〜誓いのフィナーレ〜』(19年)、『劇場版 ヴァイオレット・エヴァーガーデン』(20年)、『映画 さよなら私のクラマー ファーストタッチ』(21年)などがある。『∀ガンダム』(99年)で福山潤と初めての現場をともにして以降、数々の作品で起用。主な作品に『巌窟王』(04年)、『中二病でも恋がしたい!』シリーズ(12年、14年)、『真夜中のオカルト公務員』(19年)ほか多数。

鶴岡陽太
音響監督

「誠意をもて」と「勝算はあるか」

福山　今日は鶴岡さんをお迎えできて、本当に嬉しいです。

鶴岡　私も嬉しいよ。最近はアーティストデビューもしちゃって、もうすっかりスターだよね。

福山　そうやってすぐイジろうとする（笑）。鶴岡さんとは『∀ガンダム』からの付き合いですから、もう20年以上になるんですよね。

鶴岡　『∀ガンダム』のキースがすごくナイーブな役だったから、最初は私の中では〝無垢〟っていうイメージが強かったね。今は全然違うけどさ（笑）。

福山　すっかり世俗にまみれてしまいまして（笑）。でも当時の僕は事務所に所属して2年目の終わりという時期で、瀬戸際だったんですよね。ここで何かしらの結果が出せないと声優として終わるというタイミングだったので、『∀ガンダム』での起用は本当に嬉しかったというか、助かったというか。

鶴岡　確か、最初のオーディションで落ちたんだよね。

福山　そうなんですよ。めちゃくちゃ予習もして気合いも入れてオーディションに臨んだんですけど、いざ本番で渡された原稿を見たら、事前に渡されていたものとまったく違っていて（笑）。パニックになって棒読みするしかできず、その後1時間くらいロビーでうなだれていたんです。マネージャーさんから、早く帰れと言われても、人生で最後のアフレコ現場だからと、甲子園で負けた高校球児の心境でした（笑）。

鶴岡　そこから奇跡が起こったんだよね。

福山　今ではとても考えられないですけど、『∀ガンダム』のオーディションって実際に役者同士がマイク前で掛け合う方式だったんですよね。僕がロビーで傷心に浸っている時に、「掛け合い相手の役者さんが帰っちゃったから代わりにセリフを読んでくれ」って、スタッフさんに呼ばれたんですよ。

鶴岡　そうそう、勘違いで帰っちゃった役者がいて、それで困っちゃってね。

福山　その時にたまたまロビーにいた僕に声がかかったんですよ。僕としては一度死んだ身だし、しかもそこで渡されたセリフは事前にもらっていたものと同じだったので、これはもう思いっきりやってやろうと。結局その役は落ちたんですけど、目に留まってパン屋のキースというキャラクターをやらせてもらうことになって。今考えると１００％ラッキーなだけですが、結果的に声優を辞めずに済んだので、完全に「恩人」なんです。

鶴岡　でも自分の出番が終わってもずっとロビーに居座っていたっていうのは、どこかに執念めいたものを感じたんだと思うよ。

福山　よく「諦めが肝心」って言いますけど、そうじゃないことで扉が開くこともあるんですよね。人生って何が起こるか分からないと思います。

鶴岡　それに、あのキースというキャ

鶴岡陽太
音響監督

ラクターは今やれって言われてもできないよね。
福山　おっしゃる通りです。僕もいろいろなキャラクターを演じさせてもらいましたけど「二度とできない」と断言できるのはキースだけですね。ほかのキャラならまだチャレンジしようという気にもなるんですけど、キースだけは無理。実際にテレビシリーズの収録が終わって少し経ってから劇場版の収録があったんですけど、その時にはもうできなくなっていましたから。僕としてはまったく同じ芝居をしているつもりだったんですけど、鶴岡さんからはしきりに「あれ？　そんな声だっけ？」って言われ続けました（笑）。
鶴岡　あれは何かを得てしまったら二度とできない役なんだよね。
福山　声質の問題ではなく、時間を戻せないのと同じなんですよね。当時の僕は、そもそもアニメで人間のキャラクターを演じたことがなくて、キースが初めてだったんですよ。当然デフォルメではないリアルな芝居を求められたのも初めてで、手持ちの武器が何もない状態だったんです。毎回「うわ〜、何もできない！」と思い知らされた作品でした。

鶴岡　でもその丸腰な感じ、武器のない感じも無垢でよかったんだよ。何しろ滑舌は抜群に良くて、口は回るんだから(笑)。

福山　そうそう、それ以来鶴岡さんとご一緒するたびによく言われていたのが「誠意をもて」と「勝算はあるのか？」という二つでしたね。

鶴岡　福山は口から言葉を発する能力がずば抜けていて、とにかく流暢なんだよ。だからこそ、たまにはちょっと止まって考えてみろと(笑)。

福山　あはは(笑)。鶴岡さんのアドバイスってすごく絶妙で、答えそのものをポンと提示してくれるわけじゃないんです。僕のやりたい芝居のプランが作品や役柄と合っているか、あるいは考え方として適切かどうかを示唆してくれる。僕のアプローチの是非も含めて言葉をかけてくださるので、それはむしろ答えそのものを与えられるよりも自分のためになりました。鶴岡さん特有のそういう言い方って、きっと「あえて」なんですよね？

鶴岡　多分ね(笑)。だって福山って、思考回路にもまったく淀みがないよね。

福山　〝迷う〟のがあんまり好きじゃないので、意識的にそう割り切ってしまっている感じですね。

鶴岡　そう、だからこそ、そこにもう少し深みや厚みを加えたいと思った時にはどうすればいいかっていうと、福山の中で完成されているプランに対して淀みを与えて「ん？」って考えてもらうしかないわけ。

福山　なるほど。確かにもし具体的で明確なディレクションをもらっていたら、その場で体裁を繕うことしかできなくなっていたような気もします。僕としては『巌窟王』くらいでようやく鶴岡さんの言わんとしていることが理解できるようになってきた感覚があります。抽象的な分、鶴岡さんの言葉を理解するのに時間はかかりましたが、今となってはすごく感謝しています。

鶴岡　私も福山のことをすべて知っているわけじゃないけど、でも『∀ガンダム』から『巌窟王』までの5年は相当勉強しているんだろうなというのは当時から感じていたね。

福山　昔の僕は与えられたセリフがアニメの尺に対して短くて、どうしても最後に口パクが余ってしまうケースというのが多かったんです。

鶴岡　普通は逆なんだよね。アニメの尺が足りなくて、セリフをこぼすのがほとんどだから。

福山　そうなんですよね。僕はそれくらいセリフを言うスピードが速くて、それを調節することで情感を表現するテクニックに乏しかったんです。僕なりに挑戦したい方法論はあったんですけど、そうすると今度はアニメの尺が足りなくなるので、尺をきっちりと合わせるなら自分が乗せたいニュアンスは捨てないといけないというジレンマがずっと続いていたんです。だからこそ鶴岡さんから「勝算はあるのか？」と

鶴岡陽太
音響監督

問われ続けていたと思うんですけど、そういう症状がようやく改善し始めたのが『巖窟王』くらいから。『∀ガンダム』から『巖窟王』までの5年間、足掻いていた時期に鶴岡さんから意味深な言葉を与えられたことは、僕としては大きな経験と財産になっています。

スタンダードを示し続ける

福山　鶴岡さんは世代的にアナログからデジタルへの推移を間近で経験されてきましたよね。役者だったり芝居に対する考えで変わったことなどはありますか？

鶴岡　個人的には、テクノロジーが発達してできることが増えたこの状況はすごくいいことだと思ってるけどね。今はセリフをどこまでも細かく切り刻むことができるわけだけど、それは言い換えればできる限り本番のテイクが活かせるということでもあるわけだよね。「すごく良かったんだけど、語尾だけがちょっと…」という場合でも、今ならそれを役者に説明したうえで語尾だけ録らせてもらうこともできるしね。

福山　アナログ時代だとそのテイクごとボツにするしかないですからね。

鶴岡　そう。そうなるとこれは大変なんだよ。だって語尾以外は最高なんだから。それを超えるものを録ろうとしたら、そりゃすごいやるわけよ。それでテイク23とかまでやった挙句に「もう最初のでいいや」ってなることもしばしば(笑)。結局たどり着かないで終わることも多いんだよね。

福山　今では収録がてっぺん(24時)を超えたっていう話はほとんど聞かなくなりましたから、僕ら役者陣も助かっています。ただこういうテクノロジーの進化って、これで終わりなわけではなくて、これからもどんどん続いていくわけですよね。

鶴岡　そりゃそうだよね。

福山　そうなると、次は距離感を自分たちで演出する必要もなくなるかもしれませんよね。今は劇中の立ち位置などに合わせて細かい距離の演出を役者自身でやっていますよね。それもやらなくて済むとなると、助かる反面、とても危ないなという意識もあって……。

鶴岡　そうか。このままいくと芝居をするにあたっての「距離の概念」そのものが失われてしまう可能性があると。

福山　そうなんですよ。技術やテクノロジーにどう対応していくのかって、中堅世代の声優としてはすごく考えることが多いんです。数年後には必要がなくなるかもしれないアナログ的な技術をいったいどこまで後進に教える必要があるのか、ということもあると思いますし、あるいは消えゆく技術だったとしても継承しておいたほうがいいこともありますから。

鶴岡　これはアニメの業界に限った話ではないけど、福山の世代ってアナログ時代のいろんなものをきちんと継承できた最後の世代だよね？

福山　もう本当に、ギリギリ最後の世代だと。

鶴岡　そうやって連綿と続いてきたアナログ技術の先にあるのがデジタル技術であって、そこはあくまで地続きであると考えたほうがいいよね。

福山　結局、それをどう伝えるかって難しいんですよね。この20年間はただ先輩たちの姿を見て学んでいくということで良かったんですが、すごいスピードでデジタル化しつつある今の環境で、次の世代に何をどう伝えていけばいいのかっていうのは僕らの世代が直面している課題だと思うんです。

鶴岡　だからこそ、常にスタンダードを示し続けることが大切なんじゃないかなと思うけどね。

福山　スタンダード、ですか？

鶴岡　そう。私なんかはもう60歳だけど、やっぱり20年くらい前までは毎日スタジオで何かを追求していたと思うよ。音響技術にしても、それまでは劇場版でしかできなかったようなことが深夜アニメでもやれるんだということを示してきた日々だった。やっていることは役者さんとは全然違うけど、私にとっての「スタンダードとは何か」ということの模索の日々だったんだよね。スタンダードとは、先人の知識が積み重なっているもの。つまり、いつの時代でも大事なのは自分にとってのスタンダード。言い方を変えると、自分が信じて受け継いできた「自分の基準」を次の世代に示していくことだと思う。あと音響マンとして言わせてもらうと「いい音を聴かないといい耳は育たないし、音響に多様性も生まれない」ということだよね。

福山　その感覚を共有するクオリティの高いスタッフがいる現場を体験することは、僕ら役者にとっても絶対に大切なことですよね。若い世代の役者には、そこで学べるものを吸収してもらうしかないとすら思います。それでいうと、すごく極端な話になっちゃいますけど、今は事前にアフレコ用のビデオが送られてくる。僕らはそれを家で確認して、予習したうえでスタジオに入りますよね。例えばそれを、昔のようにみんながスタジオに集まって初めて映像を確認する「ラッシュ」形式にしたら、技術という面ではクオリティが底上げされるんじゃないかと思うこともあるんですよ。

鶴岡　まあ「プロフェッショナル」という側面は際立つだろうね。でもそれをプロとしてのボーダーラインにしてしまうと、〝それができる人ってどれくらいいるの?〟って思っちゃうけどね。

福山　そうなんですよね。もちろん事前にビデオを渡して各々が準備してくるっていうやり方は効率がいいし、それはそれでスタイルの一つとしてアリだと思うんです。スタジオで初めて映像を観て、その場で演技を組み立てていくというのはハードルは一段階高くはなりますけど、でも才能やセンスのある子はそういう現場で磨かれていくと思うんです。それに必然的に現場での役者同士のコミュニケーションも増えますし。逆にそれが難しい子は、じゃあ現場に入る前にどんな準備ができるのか、どう努力できるかをいろいろと考えるじゃないですか。それってアナログ時代にはあった、とてもいいシステムなんじゃないかなって思うんですよね。

鶴岡　言ってることは分かるけど、でも現実にはそこに後戻りはできないし、この業界全体がしないだろうね。どうやっても合理性や効率を求める流れは止まらないよ。それに進化論にもあるように「個体発生は系統発生を繰り返す」っていうでしょ。この業界に当てはめて考えると、声優個々人の価値観や可能性っていうのは、それよりも前の世代が試行錯誤してきた繰り返しの上に成り立つということなんだよね。だからずっと声優一本でやってきた福山が最近になってアーティストデビューしたことも、私はすごくいいことだと思う。そういう系統発生を繰り返していかないと次の個体発生に繋がらないし、そうやってそれぞれがそれぞれの領域を広げていくことで大きな器を残すことができるわけだから。

福山　なるほど。あくまで現在の環境下で前進していくしかないのかもしれませんね。時代やシステムの問題ではなく、それを言い訳や建て前にして、僕らが指導することから逃げているだけなのかも。

鶴岡　そうだよ。私が音響マンとして新人だった頃は、家弓家正さんや小川真司さんというような、それこそ日本語の生き字引きのような役者さんたちがいて、ずいぶんと鍛えられた。〝さすがに今回ばかりは家弓さんが間違っているんじゃ…〟と思っていても、これがすべて正しいんだから。あれには参ったよね(笑)。

福山　スタッフがキャストから日本語について学ぶというのは、今ではなかなか見られない光景ですね。

鶴岡　もちろんアニメのジャンルも多様化しているし、すべてのセリフを正しい日本語でという時代ではないけれど、そういう環境で鍛えられたことがあるから、正しい日本語を聞くと〝日本語って美しいな〟と思うんだよね。今でも作品やキャラクターに端正な感じをもたせたかったり、品格を出したかったりする時には、やっぱり正しい日本語を使うべきだなって思う。

福山　僕も最近になってようやくそういう感覚が分かるようになりました。恥ずかしながら、中学生レベルの国語の勉強をもう一度始めてみたりもしているんですよ。僕ら声優が大切にすべき日本語って、おそらく情操教育としての「国語」にその源泉が詰まっていると思っていて。

鶴岡　ほんと、福山って勉強家だよね。いや、最初に会った時にはそんな感じしなかったんだけど(笑)。それから毎年仕事をしていくとさ、分かるものなんだよ。〝ああ、こいつはすごく勉強しているな〟っていうのが。

福山　それを簡単に見抜かれるのは恥ずかしいですけど(笑)。やっぱり、その時々にできることはなんでもやろうとは思ってやってきました。

鶴岡　声優としての成長もそうだし、業界に対する危惧もそうだけど、やっぱりプロフェッショナルだと思うよ。

福山　嬉しいです。鶴岡さんから褒められることなんてまずないですから。ここはぜひフォントを大きくして、掲載してください(笑)。音響監督としてずっと声優を見てきた鶴岡さんですけど、僕らのような中堅世代の声優に「やってもらいたいこと」ってあるものですか。

鶴岡　プロフェッショナルということでいえば、新人に対してせめて正しい句読点の位置くらいは教えておいてくれよと思うことはあるよね。そこは我々の仕事じゃない。

福山　そう言われてみると、最近鶴岡さんの現場で感じるのは、昔に比べてより具体的なディレクションが増えましたね。少なくとも僕みたいに「誠意をもて」とは言わない気がします(笑)。

鶴岡　芝居以前のことが増えたからだと思うよ。だからこそ、そこは福山たちの世代に頼みたい。良い悪いじゃなく、新人が何も知らないのはいつの時代もそうなんだから。

福山　芝居以前の部分は声優陣の間で済ませておけっていうことですね。

鶴岡　そう。音響監督ってアフレコ収録がすべてではないからね。むしろアフレコは必要な音を集める作業の一つだから。

福山　今は細かいディレクションまで含めて、何かあれば音響監督から事細かに指示が出るというのが当たり前の感覚になっていますよね。

鶴岡　ぶっちゃけて言うと、音響監督っていうのはいい音が拾えればそれでいいわけで、作品のためなんだから。それはもちろん極端な言い方だけど、自分が関わる役者がその後どんな道を辿るかなんて、まったくこちらには関

鶴岡陽太

音響監督

係がないんだよね、冷たい言い方のようだけど。

福山　とはいっても、鶴岡さんはその役者の人となりを重視するタイプですよね？

鶴岡　そりゃ福山みたいに何十年もの付き合いになることもあるわけだから、なるべくどんな人なのかを知っておきたいという気持ちはある。でもそれは全員に対してそういうわけじゃないし、ウェイトで考えれば、音響監督にとって重要なのは信頼できる効果マンだし、劇伴作家なんだよね。

福山　言い方は悪いですが、新人声優はどんどん出てきますからね（笑）。

鶴岡　そう。それに対していい効果マンや劇伴作家、音楽家っていうのは本当に少ないし、これは私たちが音響部として育てていかなきゃいけない。まあ音楽家を育てるなんていうとおこがましいけど。だから声優さんに関しては、それはもう演技部のほうでやってくれというのが本音だよね。

福山　それはおっしゃる通りです。最近の現場で感じるのは、キャストのみなさんがそれぞれ個々でスキルを磨いているのはすごく分かるんですが、そこで終わってしまっているケースが多いなと。プライベートでは仲が良くても、例えば作品のクオリティアップのためのコミュニケーションはすごく減ってきているような気がします。

鶴岡　でも、そこは最近は福山もいろいろとやってくれているよね？

福山　気付いたところはできるだけ指摘するようにはしていますけど、でもそれもどんな段階で何を言うべきなのか、というのはあります。そこはずっと悩んでいるところですね。

鶴岡　私としては、福山が現場にいれば少なくとも「国語の朗読からやり直してこいよ」っていうのはないと思っているから、そこは助かっている。

福山　偉そうに言えるほど教えているわけじゃないですけどね。でも先ほど鶴岡さんがおっしゃっていた「スタンダードを見せる」っていうのはいつの時代でも基本にすべきですし、そうでなければ、クオリティを保てない。時代や環境の変化を気にしつつも、あまり気にし過ぎると、今の時代、もはや何も言えることはなくなってしまいますから。そこは自分のもっている信念や経験を信じて後進に見せていくしかないんだと僕も強く思うんです。

メインよりも脇が印象的

福山　僕が参加した作品で、鶴岡さんがとくに印象に残っている作品はありますか。

鶴岡　私はメインキャラよりもマイナーなキャラのほうが印象深いなあ。

福山　僕も同じです。

鶴岡　押しも押されもせぬスター声優の福山を捕まえて、結構なバイプレイヤー（脇役）をやってもらってるんだね。『神霊狩／GHOST HOUND』とか、面白かったよね。

福山　僕もまったく同じです。取材で印象深い作品を聞かれることが多いん

ですけど、『神霊狩／GHOST HOUND』を入れることが多いです。これはキャラだけじゃなくて現場の雰囲気だったり、もっと言えば作品も含めてとてもスペシャルな体験だったなと思っています。ほかにも『日常』の兵士66番とか、『恋と嘘』の研修医とか、脇役はやっぱり楽しいです。もともと僕はバイプレイヤー気質なんですが、自分の芝居や声質を考えると、なかなか向いていないなということも分かっているんです。だからこそ鶴岡さんからそういうキャラクターを任された時は嬉しいですし、思いっきりやれるっていう安心感があるんです。

鶴岡　かと思えば、『真夜中のオカルト公務員』では主人公の新役だったしね。

福山　ここまでの流れを考えると珍しいケースですよね。しばらく「新人」と名の付くキャラクターをやっていなかったので、すごく新鮮でした。

鶴岡　「新人」の芝居にたどり着くのに苦労したよね。最初は全然新人らしくなかったもん(笑)。

福山　そうでした。声のトーンとかそういうことじゃないんですよね。とにかく「新人」ではなかった。こんなことを聞くのもおかしな話ですけど、なぜ僕を起用されたんですか。

鶴岡　オーディションだから私の一存では決まらないけど、でも私は福山を推した。大人のドラマだし、キャストの年齢感も少し高めで落ち着いたものにしたくて、そんな中で新人役っていったらこれはもう福山しかいないだろうって。でもよく考えたら、私の中で福山の新人役は10年前の感覚で止まっていた(笑)。

福山　僕もそれは痛感しました。でも年齢を重ねても無垢なお芝居をされる方はたくさんいらっしゃるので、芝居としては再現できるようにならないとダメだなとも勉強になりました。いずれにしろ、いつまでもキャスティングで遊んでもらえる役者ではいたいですし、無茶振りでも放り込んだら何か面白いことをやるだろうっていう可能性は感じてもらいたいなとは思っているんです。

鶴岡　その意味で言うとさ、逆に私は福山に対して遊び心のようなものを期待したことはないんだよ。

福山　そうなんですか?

鶴岡　というより、役がどうであれ、そこに福山らしさが出ていればそれだけでいいと思っているんだよね。

福山　ありがとうございます。そういえば、過去に一度だけ鶴岡さんから褒められたことがあって、その時の言葉が「さすがだな、お前は人の追い込み方を知っている」でしたね(笑)。

鶴岡　『CLANNAD』のOVA(―クラナド―「もうひとつの世界　智代編」)だよね。

福山　そうです。主人公を演じる中村悠一に対して「お前は人間のクズだ」と精神攻撃で追い詰めていく生徒会役員だったんですが、その時に褒められたんですよね。

鶴岡　『シャングリ・ラ』もそうだけど、中村と福山っていう二人の関係性の定番構図があるんだよ。だからこそハマるし、それが面白かった。

福山　鶴岡さんがそういう反応をしてくださったことは僕の中では結構大きかったんです。自分のそういう部分を思い切って乗せていいんだとか、これまでやってきたことに間違いはないんだとも感じて。鶴岡さんからすればすごく些細なリアクションかもしれませんが、僕にとっては重要でした。

鶴岡　あと『境界線上のホライゾン』のトーリなんかも、もしかしたらいちばん喋るキャラクターなんじゃない？　でもあれはもう福山そのものだよね(笑)。

福山　トーリはそうですね。性格も僕にかなり近くて、自分でも役作りしたのかどうか分からないレベルですね(笑)。

鶴岡　最近(取材当時)また『境界線上のホライゾン』の新しいCMが流れていて、トーリが喋り倒していたよね。人間ってこんなに速く喋れるものなんだなって、感心したよ(笑)。

福山　ありがとうございます。実はあのCMの収録は吹き替え作品を3本やったあとだったので、さすがにヘロヘロになりましたけど、なんとかやり切れました。

鶴岡　今日はあらためてじっくりと話せて良かったよ。

福山　こちらこそ、ありがとうございました。こうしてお話しするたびに刺激をいただけています。何度でも言いますけど、鶴岡さんは僕にとって本当に「恩人」なんですよ。声優として瀬戸際の時期に拾ってもらえたことだけじゃなく、声優として足掻いている時期や、節目節目にかけていただく言葉

も含めてそう感じるんです。それだけに、どこにでもいる平凡な声優として終わるわけにはいかないなと、それはずっと肝に命じていることなんです。

鶴岡　福山みたいなタイプの声優が世に出られず、潰れてしまったとしたら、この業界は随分と寂しいなと思うのは事実だよね。でも私にできるのはそこまでで、それから先はやっぱり本人の努力次第ですから。私にとっては、今こうして第一線で活躍し続けてくれていることこそが嬉しいよ。

福山　鶴岡さんに恩義を感じている人は僕だけじゃないんですよ。僕と同じように誰からも見向きもされなかった状態から、鶴岡さんのおかげで引き上げられた声優ってほかに何人もいるんです。僕らはその現場での経験の意味を考え続けて、バトンを次に渡していく責任があると思うんですよ。

鶴岡　私もこれからの福山の活躍をますます楽しみにしているよ。ちなみに福山は今後やってみたい役はあるの？

福山　あります。これはいろいろなところで言っているんですけど、若いうちに一度でいいから、僕一人だけが喋り続けるアニメをやらせてほしいっていう願望があるんです。それもモノローグやプレスコではなくて、ちゃんと口パクに合わせたアフレコ形式でやってみたいんですよね。

鶴岡　そうなんだ。でもまだ早いんじゃないの？　そういうのは50歳くらいになってからじゃないと面白くないと思うよ。

福山　鶴岡さんにそれを言われたら、もうその通りなんですけど（笑）。でも今のうちから言っておけば、50歳で実現するかもしれないですから。

鶴岡　それはいいかもね。50歳になって「お前何やってんの？」って言われながらやるのがいいんだよね（笑）。

福山　（笑）。その時はぜひよろしくお願いします。今日は本当にありがとうございました。

鶴岡　いやいや。『∀ガンダム』から20年以上も経ってこうして対談できるなんて、こちらこそ嬉しいし、最高の恩返しだと思うよ。アーティストとしても楽しみだしね（笑）。

福山　そこだけはずっとイジられますよね。これからも一生こうなのかな（笑）。

Jun Fukuyama Professional Talk

YUKI IWAI

ハライチ

岩井勇気

芸人

僕たちは、いつも、みんな、「面白い人」になる手前にいるだけ

お笑いコンビ・ハライチのボケ担当である岩井勇気氏は、
圧倒的対話力の持ち主。
漫才や多くのネタ作りで培われたであろう間合いで、
周囲を「面白い人」にしてしまう魔法使いのような人物。
さらに、その奥底には福山と共鳴する熱いポリシーも垣間見えた。
「アニメ」「お笑い」という別々のレールが、
あたかも一本の線に繋がっていくような、そんなセッションが生まれた。

Profile

1986年生まれ、埼玉県出身。06年に幼なじみの澤部佑と芸人コンビ「ハライチ」としてデビュー。ボケ、ネタ作り担当。09年のM-1グランプリでは決勝進出し、高い実力で話題を集める。テレビバラエティのレギュラーに『おはスタ』(15年〜)、MCを務める『まんが未知』(21年〜)、『ドレスキーとコレスキー』(21年〜)、『Doki! doki! NHKワールドJAPAN』(19年〜)など。ラジオでは『ハライチのターン!』(16年〜)、『ハライチ岩井 ダイナミックなターン!』(19年〜)、ネット配信では『ハライチのYAMi』(21年〜)、『ハライチ岩井勇気のアニ番』(15年〜)、『バトスピ エクストリームゲーム』、『デジモンカードバトル』などのMCを担当。また近年はエッセイ『僕の人生には事件が起きない』(新潮社)、『どうやら僕の日常生活はまちがっている』(同)を刊行。俳優としても活躍し、ドラマ『今ここにある危機とぼくの好感度について』(21年)などに出演。さらにアニメ好きであることから『岩井勇気のコントCD』で企画、脚本、プロデュースを担当し、声優を起用。21年発売のゲーム『君は雪間に希う』では、原作とプロデュースを務め、『ヤングマガジン』にて原作漫画『ムムリン』の連載をスタートするなど、多岐にわたり活躍している。

ハライチ
岩井勇気
芸人

画が動いているだけで満足!?

福山　岩井さんのことはこれまでもテレビなどで活動は知っていましたが、近年は芸人以外にアニメイベントのMCをやられていますよね。岩井さんがアニメをお好きなのはもちろん知っていましたけれど、現在のようにMCのお仕事を始めたきっかけはなんだったんですか。

岩井　僕の同期に、アニメ業界や声優業界で仕事をしている構成作家がいるんです。もうなくなってしまったお店ですが、ある日、彼と新宿のゴールデン街にあったアニメ好きが集まるバーで飲んでいた時、BGMで流れているアニメのオープニング主題歌を全部言い当てたことがあって。僕がそこまでアニメに通じているとは思っていなかったみたいで、「そんなに好きで詳しいなら、アニメの仕事もやってみたら?」と言われたのがきっかけですね。

福山　そうだったんですね。でもテレビの仕事も忙しい中で、イベントやアニラジ、アニメ番組はもちろん、僕も一年間、一緒に配信番組『PERSONA5 the Animation 純喫茶ルブラン屋根裏放送局』をやらせていただきましたし、売れっ子なのに、かなり思い切った舵取りだなと思っていて。

岩井　めちゃくちゃ端的に言うと、その時の僕はテレビのバラエティ番組に飽きていたんです(笑)。出演者も芸人だけで構成されているわけではないし、いろいろな約束事もあってあんまり面白いと感じられなくて。そもそも僕は、テレビに出ることや有名になることに憧れて芸人になったわけじゃないんですよね。あくまで「芸」としてネタをやりたかったので、それで考えると、バラエティはあくまでバラエティで、僕の考える「芸」ではないんです。

福山　バラエティで感じるストレスを、アニメの仕事では感じずに済む、と?

岩井　アニメはもともと大好きですし、そこで「芸」をやりたいとも思わないので、ストレスもないかなと思ったんです。

福山　ただ、いざ仕事となったら距離感って変わるものじゃないですか。以前のように純粋にアニメを楽しめなくなったりはしなかったんですか。

岩井　それはないです。僕がアニメーションを好きな理由って、作画やストーリーの良し悪しはあまり関係なくて、極論を言えば画が動いてさえすれば全部面白いと感じるタイプなんです。だからずっと楽しいだけですね。

福山　そんなタイプがいるんですね(笑)。では、これはつまらないなと思う作品はないんですか。

岩井　ないです。僕の中では「面白い」か「めちゃくちゃ面白い」かのどちらかです。

福山　それはすごい！　僕は学生時代がまさにそうでしたけど、声優になってからはだいぶ変わっちゃいました(笑)。でも岩井さんって、イベントや番組ではその「好き」っていう感情を前面には出さないですよね。

岩井　気付きました？　多分、僕がほかのアニメ好きの芸人と違うのはそこだと思うんです。

福山　それはあえてのスタンスなんですか。

岩井　僕はいわゆる「オタク」ではないんです。アニメ好きの芸人ってほとんどが「オタク」で、テレビでもそういうノリを求められることは多いですよね。「○○は俺の嫁」とか「○○は神」とか、そういうノリで…。

福山　それを受けてスタジオにいる声優がキャラクターの声をやって、結果的にお決まりのパターンになるやつですね（笑）。

岩井　そうです。僕はアニメは大好きなんですが、そういうタイプのオタクではなくて、これは絶対に観るべき！という感覚も、友達と好きなアニメの話で盛り上がりたいという欲求もない。ただ、自分自身がそのアニメを観ている時間なりを楽しめればそれでいいアニメファンなんです。

福山　なるほど！　だからイベントや番組ではあまり自己主張をしないんですね。

岩井　イベントでは、自分の意見を聞いてほしいわけではないので、そういう意味ではアナウンサー的な立ち位置に近いのかもしれない。そもそもアニメイベントのお客さんって、僕ではなく作品や声優さんを目当てに来ているわけで。もちろん僕自身も楽しみながらお仕事をさせてもらっていますけど、最終的には作品だったり声優さんのファンが楽しんでくれたら、それがいちばん嬉しいんですよね。

福山　岩井さんのようなモチベーションで司会やMCをやっている芸人さんを僕は知らないので、稀有な存在ですよね。

岩井　僕としては自然にその立ち位置にいるだけなんですが、立ち居振る舞いに関しては、多少意識して「非オタク」を強調しているところはあるかもしれません。

福山　どういうことですか。

岩井　例えば女性声優さんと絡むときって、変にオタク臭を漂わせていると、予想外にファンから大きなヘイトが集まっちゃうじゃないですか（笑）。

福山　ええ（笑）。

岩井　だからそこはあえてテンションを上げず、無味無臭で淡々とやっているというのはあります。

福山　ということは、実際には見た目よりもテンションは上がっているんですか。

岩井　いや。ただ、唯一、能登麻美子さんとお会いした時は、恥ずかしながらめっちゃ舞い上がっちゃいました。〝能登さんって実在するんだ〟と思っちゃって、かなりキモい状態になっていたと思います。

福山　能登さんに関しては仕方ないですよ。僕も含めて、多くの男性が同じですから（笑）。

岩井　（笑）。もともと僕は女性声優さんよりも男性声優さんのほうに注目していたので、どちらかというと男性声優さんと絡む時のほうがテンションは

岩井勇気（ハライチ）
芸人

上がりますね。

福山　僕と絡んでいる時は淡々としていますよね（笑）。

岩井　（笑）。いやでも最初にお会いした時には〝すごい！　福山潤だ！〟ってテンション上がりましたよ。

福山　今は？

岩井　まあ、上がらないですよね（笑）。

福山　（笑）。かなり早い段階で岩井さんに雑に扱われるようになった気がします。

岩井　誤解です（笑）。これは福山さんに限った話じゃないのですが、初対面の人間同士ってちょっとずつ距離を詰めてフランクに接していって、どこまでが許容範囲なのかを確かめていくじゃないですか。でも福山さんの場合は、とくにその許容範囲が分からないんですよね。さすがにこれはダメかなと思っても、大丈夫だったりしますから。その捉えどころのなさに助けられたりしています。僕みたいなＭＣってあまりいないと思うんですけど、福山さん的には正直どう思っているんですか。

福山　岩井さんは泳がせるところは泳がせつつ、こちらのフリにもしっかり乗ってくれますよね。それと、一つ感じたのは、岩井さんは決して助けてくれという目はしないのに、気付いたら僕が前に出ざるを得ない状況を作っているんですよ。その時は、別に手のひらの上で踊らされている感覚はないんですけど、終わってから〝あれ？　もしかして全部計算だった？〟と思うことが多々あります。

岩井　（笑）。

福山　そういうところが、ほかのお笑い芸人さんのやり方とは違うなと感じるので、つくづく不思議なバランス感覚の持ち主だと思っています。

岩井　そういう人って、ほかにいます？

福山　いないですよね。

岩井　だからやってるんです（笑）。

福山　納得です。岩井さんの読み通り、今やオンリーワン的な存在になっているわけですからね。

福山潤が喋らない番組が面白い!?

岩井　僕がＭＣをしたイベントって、岩井が面白かったな、とはならないと思うんです。でもいろいろなイベントに参戦してきたアニメファンからすると、最終的には〝なんだかんだで岩井がＭＣのイベントがいちばんいいんじゃないか〟と感じてくれている自負がある。つまり、イベント自体を面白くしたいという狙いでやっている部分はありますね。

福山　逆に岩井さんから見て、イベントでの僕はどう映っていますか。

岩井　めちゃくちゃ頼りにさせてもらっています。出演者のリストに福山さんの名前があると、〝最悪の場合は福山さんに話を振ればどうにかなるか〟と思っています（笑）。

福山　ありがとうございます。

岩井　福山さんってものすごく喋るイメージがありますけど、ほかで盛り上

ハライチ 岩井勇気
芸人

がってトークが成立しているときは、むしろしっかりと聞き役に回っているんですよね。ご一緒させていただくうちに、〝ただ自分が喋りたい人〟ではないんだなというのはだんだんと分かってきました。

福山　僕が喋らないイベントのほうが面白いと思いますよ。むしろ僕が積極的に喋り倒している時って、クイズのシンキングタイムとかと同じで、基本的には間を埋める行動が多いですね。僕の場合は、間が怖いというわけではないんですよ。イベントの場合はお客さんはお金を払って参加していますから、それを時間で割ると1分あたりの値段って出ますよね。それで考えるとシンキングタイムや転換やらって完全に無駄な時間なので、そこに対価は必要だろうと。だから、可能な限りどんどん情報を入れていく。

岩井　真面目ですよね。ただ福山さんって、今のエピソード一つとっても、真面目な人なのか変な人なのか、いまだによく分からない。真面目がいき過ぎて変な人に映っているのかも。

福山　これが不思議な話で、声優としてデビューした時って、キャラがないと誰も注目してくれないと思って無理に個性的に振る舞っていたこともあるんです。それでも周りからはずっと「普通だね」って言われ続けてきて、それである時、一切のキャラ作りをやめたんです。すると、そこから急に「変な人だね」って言われるようになった（笑）。

岩井　つまりもともとが「変な人」だったということですね（笑）。そういえば、イベントで初めてお会いした時に、メイク室が一緒で端と端だったんですが、福山さんが猛烈に喋っているのが聞こえてきたんです。

福山　「本当にずっと喋ってるんですね」と岩井さんに言われたのを覚えています（笑）。

岩井　で、どうやらメイクさんと会話しているようなんですが、会話していないというか。福山さんがとにかく喋っていたのが印象に残っています。

福山　メイクさんにもいろいろな方がいるじゃないですか。よく語りかける人と、そうじゃない人と、ただこの時間をやり過ごそうとする人と。話しかけてこない人には、自分から喋ったほうがお互いにラクなんです。それが普段から身に付いちゃって。

岩井　黙ってればいいのでは？

福山　そうすると、この人ずっと黙っているけど、何考えているのかなとか、僕のほうが余計なことを考えちゃう。僕、頭の中に疑問が浮かぶのが好きじゃないんですよね。

岩井　真面目がゆえにめっちゃ喋っているとしても、やっぱり変な人だなと思います。学生時代には周りにそういう人もいましたけど、社会でその考えだと、ちょっと苦しくないですか（笑）。

福山　大変生きにくいです（笑）。

誰も教科書なんて読みたくない

福山　岩井さんのアニメ好きは多くの方がご存知だと思いますけど、今はどのくらいの作品数をチェックしているんですか。

岩井　選り好みはせずに、まずはそのクールに放送される全番組を観ます。そのうち25作くらいは最後まで完走している感じです。

福山　趣味とはいえ、すごいですね。忙しいはずなのに、それだけ観るのは大変じゃないんですか。

岩井　テレビアニメって正味1話20分ちょっとじゃないですか。なかには5分アニメや10分アニメもありますし。観ようと思えば全然観れるんですよ。

福山　確かにそうですが…。僕も一時期はたくさん観ていたんですけど、最近は忙しくて最終話まで完走できた試しがないんです。気付いたら途中のどこかを飛ばしていたり。

岩井　でも今は配信でイッキ見もできるから、ほぼ全番組をチェックしている僕としては、助かってます。

福山　岩井さんは作品の選り好みはしないとおっしゃっていましたけど、中でもとくに好きなジャンルってあるんですか。

岩井　硬派な作品がいちばん好きかもしれないですね。

福山　そういえば、以前好きなアニメのランキングで『メガロボクス』を挙げていましたよね。

岩井　そう。だから福山さんが出演されている『巌窟王』も大好きです。ただテレビのバラエティ番組でこの2本はなかなか出しにくいんですよ。そこで話が終わっちゃうというか、それ以上はもう掘れない（笑）。

福山　だからキャッチーなアイドル作品を推したり。

岩井　もちろんアイドル作品も好きなんです。ただ、好みと聞かれたら硬派な作品になりますね。けれど、自分の好きな作品を他人に薦めること自体、僕は押し付けがましくて本当は嫌なんです。アニオタの中には「これはアニメの教科書です！」とか「全人類のバイブルです！」とか言う人もいるじゃないですか。教科書やバイブルなんて読みたくないでしょ（笑）。なので、僕は人に薦めるにしても、そういう薦め方はしたことがない。

福山　どんなふうに薦めるんですか。

岩井　例えば「この作品はハマる人はどこまでもどっぷりとハマるんです。もしかしたらあなたもハマる可能性があるので、良かったら観てみてください」っていう感じですね。

福山　丁寧な薦め方ですね（笑）。

岩井　アニメに馴染みのない人に向けてコアなアニメ作品を紹介するのって、かなり難しい。現時点でアニメを観ていないのには、観ていないなりの理由があるということですから。

福山　確かに。でも僕が声優としていちばん意識しているのって、実は「アニメに興味がない人にも訴えかける芝居」だったりするんですよね。

岩井　そうなんですか。

福山　洗い物をしていても、洗濯物を畳んでいても、たまたまつけたテレビで流れた声に思わず反応してしまうような芝居。既存のアニメファンに向かってだけ芝居をしてたらどんどん先

芸人

岩井勇気（ハライチ）

細っていくだけですから。

岩井　セリフもタイミングも決まっている中で、そんなことができるんですか。

福山　できます。といっても、特殊な技能のような技とかではなくて、セリフの流れや、込めるニュアンスの流れ、熱量を声に集約させて発するというところをギリギリのテンションでやるからこそアンテナを張っていない人にも届けられる、そう信じてやっているところはあります。僕だけではなく、多くの声優がやり方は違えどそういうことを各々でやっています。

岩井　それは知らなかったです。

福山　もちろん、監督をはじめとする制作陣がどういう方向性で作りたいかにもよりますけどね。声優特有の技術を積極的に取り入れることもあれば、逆に声優以外でキャスティングするケースもあるじゃないですか。とくに最近の劇場版アニメは後者の考え方を選択する作品も多いですよね。

岩井　それを福山さんはどう思っているんですか。

福山　どちらもアリだと思います。僕自身は声優としての技術を駆使しまくるタイプなので、例えば宮崎アニメには絶対に出られないと思います（笑）。それはそれで一つの価値観。ただ声優の技術に価値を見出している僕からすると、プロ声優の技術がまるで悪のように言われるのは、ちょっと違うんじゃないかとは感じます。技法を用いる対象が問題なのであって技法自体に優劣はない、というのが僕の考えです。技術や技法に優劣をつけるような見方には憂慮しています。

「演技者」ではなく「伝達者」

福山　岩井さんは役者としても活躍されていますよね。芝居はどんなことを考えて現場に立たれていますか。

岩井　僕の場合はセリフを覚えるのでいっぱいいっぱいですから、福山さんのレベルで語れることは何もなくて、恐れ多いです。それに実写作品は身体のすべてを使って表現できますから、声優さんとはまた感覚が違うかなとも思いますし。ただいくつかの役を経験して分かったことですが、役になりきって芝居をしたことはないですね。いわゆる「憑依」という感覚に陥ったことがないんです。それは僕の役者としてのスキルが低いからなのか、それとも性質の違いなのか分かりませんけど、少なくとも今のところはそうですね。

福山　それは性質でしょうね。僕も同じで、本当の意味で役になりきったことはないんです。というより役になりきるという感覚が分からない。集中している時ほど自分を客観的に捉えていますし、周囲のことも観察していますからね。だから僕はもしかしたら「演技者」ではないのかもしれないなと思うことはあります。

岩井　なんて表現したらいいんでしょうね。

福山　「伝達者」とか「仲介者」ってい

う呼び方が近いような気がしますね。僕自身が作品から受け取ったイメージやポイントを、お客さんに向けて分かりやすく伝えている感じ。例えばセリフの流れだけを追うと違和感を覚えるシーンがあったとして、そこをいかに自然に感じさせるかというのは、役になりきるというだけでは難しかったりしますから。

岩井　なるほど。僕は最近乙女ゲームのプロデュースをやらせていただいたんですけど、まさにそういう難しさを肌で感じました。乙女ゲームのキャラクターって、同じキャラでもAのルートではこういうことを言うけど、Bルートではそれとまったく違う内容を言うこともあるんです。

福山　そういうある種の矛盾はありますよね、ゲームですから。キャラクターにはそれぞれベースとして備わっているモラルや性格があって、あとは状況や環境といった外部要因によってそれらが変化することは多々あることなんですよね。一見すると意味が正反

岩井勇気（ハライチ）
芸人

対なセリフでも、根本さえ理解していれば成り立たせることはできると思うんです。これまでに矛盾をはらんだセリフはたくさん言ってきましたけど(笑)、それでも僕の中で説明できる根拠をもっていれば、意外と成立するものだなというのは個人の実感としてあります。

岩井　勉強になりますね。その言動に至る外部要因で、仏が鬼にもなり得るわけですね。

福山　そこが作品内で明示されていないのであれば、こちらで補完しますし、それが僕らの仕事でもあると思います。ところで、どうして岩井さんが乙女ゲームを作ることになったんですか。

岩井　メーカーさんから誘われたのが直接的なきっかけです。もともと乙女ゲームは大好きですし、乙女系のシチュエーションCDを企画したこともあったので、面白そうだなと思って。

福山　ゲームの中で岩井さんの作家性がどんな形で反映されているのか、すごく興味深いです。

岩井　乙女ゲームとしてはデビュー作なので、まずは業界やユーザーさんから認めてもらえるものを作りたいと思っています。最初からニッチで尖ったものを作っても見向きもされないと思うので、できるだけ王道で開かれたものにしたつもりです。

福山　では、ほかにもやりたいことが？

岩井　1本目がある程度の評価をいただけたなら、次回作はもっと攻めたものも作ってみたいです。乙女ゲームの主人公って、とにかくめちゃくちゃモテる子の場合が多いじゃないですか。それが怖いと感じて病んじゃうストーリーとか、面白くないですか？

福山　面白いですけど、おそらくどこからかストップがかかるでしょうね(笑)。でも恋愛ゲームの世界観って、ある意味でホラーですよね。無条件に自分に向けられる好意って、別な視点で見ると恐怖でしかないとも思います。

岩井　人はみんな何かしらのギブアンドテイクで生きているはずなのに、よく分からない一目惚れ的な感情でそれを飛び越えていくことが当たり前に起きることすらあり得る世界なわけですから。

福山　そういう俯瞰的な感覚が岩井さんの素晴らしいところで、優れた作家性でもありますよね。

正直僕は、書き手でいい

福山　これはかなり今さらな話ではあるんですけど、ハライチさんの代名詞でもある「ノリボケ漫才」って、いつ発明されたんですか。

岩井　事務所に所属して2年目くらいですね。それまでは普通のコント漫才をやっていたんですが、同じようなスタイルで大好きだった二丁拳銃さんというコンビが、賞レースではまったく振るわなくて。僕らは二丁拳銃さんをものすごく面白いと思っているのに、これでダメなら僕らもダメだろうと。それで正統派じゃない新しいシステムを作ろうと思ったのがきっかけです。それを完成させるまでに1、2年はかかって。ようやく、それが形にできたのが22歳くらいの時です。

福山　シメのワードだけは決まっていて、それ以外はアドリブもあったりするんですよね。

岩井　そうですね。だから、我ながらよく作ったなと思いますよ（笑）。これが良かったのは、最初から最後までやらないと笑えないストーリー型ではなくて、いくらでも切り抜きができたことなんです。『爆笑レッドカーペット』などはネタ時間が1分のこともあったんですけど、どんな尺にも対応できたのは大きかったですね。

福山　言葉にするとシンプルですけど、そういうネタを作ろうとするに至った発想がすごい。声優だとメソッドを作ったとしても他人に伝えることは難しいんです。この人のオリジナルだと思っていたけど、そうではないんじゃないかと思うことがいっぱいある。セリフ回しではなくて、手法として。それをどう言語化したらいいんだろうとは日々考えています。例えば、僕は役によって声をコロコロ変えるタイプなんです。けれど、理想は声は一切変えないでいろんな役ができることなんです。

岩井　ベテランの人は、そう言いますよね。

福山　僕にはまだまだ異次元ですけれど、実際にそれをできちゃっている人がいるので、「机上の空論」ではないんです。

岩井　僕はアニメを観ていて、福山さんだと気付けない場合もあります。

岩井勇気

ハライチ
芸人

『BANANA FISH』はまさにそれで、エンドロールを見るまで信じられなかった。

福山　あれは2話、3話くらいまではかなり意図的に狙っていて。これまでの方法論のいくつかの要素を消そうとしていました。僕らは言葉だけでキャラを表現するわけで、それが可能だったりするんですよね。人はどこでその人のことを判別しているんだろうかというのを逆手にとって挑戦した作品で、その技術が最近ようやくちょっとずつできるようになった感じです。

岩井　その逆もいますからね。

福山　それでもその声優が作品に参加している事実は、技術の上に成り立っていると思うんです。どんな役をやっても一発で名前が分かるような声優がいたとする。けれど、そのような先達の何がすごいかって、一つの声でいろいろな役に対応するのってかなり難しいんです。声色を変えるのって分かりやすいんですが、そういう方たちがどんなジャンルの作品でも対応できるバランス感覚はなかなか真似できない。若手の子たちのやっていることと、自分のやっていることの距離感を微妙なさじ加減で調整しているから噛み合うんでしょうね。そういうのを見せられると、本当に声優って面白い仕事だと思うんです。そこでいうと、ハライチさんは「ノリボケ」だけに関わらず、それまでなかった新しい型のネタを生み出していって、漫才の面白さを開拓している感じがある。

岩井　僕らは古いネタはどんどんと捨てていっているんです。番組側から「あのネタをやってください」って言われることもあるんですけど、僕らとしては最新のネタがいちばん面白いと信じているので。

福山　すでに立場を築いているのに、あくまでチャレンジャー側でネタにこだわっているということですね。

岩井　そうかもしれません。もっと言えばネタをやっていない人は僕からしたら「タレント」ではあっても「芸人」じゃない。僕らは爆笑問題さんに憧れて芸人になったんですけど、お二人は、賞レースの審査員もやらず、いまだにネタをやり続けているじゃないですか。僕らもそうありたいんです。

福山　めっちゃストロングスタイルですね。

岩井　先日も事務所のライブがあって、司会をやってくれと言われたんです。だけど、芸人のライブで司会だけやるのは嫌なんです。だからネタをやる側で出たんです。ネタをやり続け、ネタが面白くなるためにいろいろなところでいろいろなことをやっているというのが根幹にある。例えば、お金を稼ぐうえで、目の前に面白いことと好感度が上がることの二つの選択肢があるとしますよね。そうしたら、必ず面白いほうを選びたい。それが僕自身の考え方の根っこにあるんです。

福山　それでいうと僕も、声優なら「アニメ」と「吹き替え」「朗読」の3つが根幹にないとダメだと思っていて。職種は違えど、やはり原点というのはありますよね。ただ今の時代、岩井さんのようなストイックな考え方の芸人さんってそれほど多くはないんじゃないですか。

岩井　それが今の若い子たちって、意外なほど机に向かって漫才やコントのネタを書いているタイプが多いんですよ。僕はまさに机に向かう時間を重要視しているんですけど、そういう考え方の後輩は増えている印象があります。舞台での見栄えより、ネタの完成度が高い芸人のほうが生き残る時代になってきているのかなと思います。

福山　ネタ至上主義って、言い換えれば作家志向ということですよね。岩井さんって必ずしも自分がプレイヤーにならなくてもいいタイプなんですか。

岩井　おっしゃる通りです。漫才に関して言えば、正直僕はネタの書き手でいい。もし僕以上に相方の澤部佑という男の能力を引き出せる人間がいたら、ネタの実践はそいつに任せたいんですけど、残念ながらいないんですよね(笑)。今のところ、僕自身がいちばん信用できるプレイヤーなんです。

福山　やっぱりそうなんですね。岩井さんのエッセイ本『僕の人生には事件が起きない』を読ませていただいて、なんとなくそうなんじゃないかと思ったんです。タイトルの通り、どのエピソードも「岩井さんでなくても起こり得る日常のこと」じゃないですか。

岩井　仮にもし大事件が起きれば、それは誰が話したとしても無条件で面白くなる確率が上がるじゃないですか。なので、この本では「日常を文章にした時に、面白いのは誰か」っていうことに焦点を当てて書きたかったんです。そしてそれは極論、僕じゃなくてもいい。それってまさに、ネタ作り、そこにおける言葉選びを磨くことに似ていると思います。

福山　僕のモットーは「手の内はすべて晒す」なんです(笑)。僕ら声優って個人差はあれど、先輩方から連綿と受け継がれてきた技術を継承したいという気持ちがどこかにあるんですよね。芸人さんの世界って、先輩から受け継いだり、あるいは下へ伝えたりという文化はどのくらいあるんですか。

岩井　直接の継承はともかく、「学び」自体はたくさんありますよ。実はお笑いって、歴史が深まるにつれてどんどんと方法論が解き明かされているんです。以前に明石家さんまさんが「俺らの時代より若い世代のほうが面白くなってきている」と言っていて、その時は「そんなまさか」と信じられなかったんですけど、よくよく考えると実際にそうなんですよね。というのも、どうしてその漫才が面白いのかというメカニズムが明らかになってきたからだと思うんです。現代のお笑いは過去の蓄積の上に作られていますので、それはやっぱり今のほうがいちばん面白いわけです。今はネットで昔の大先輩のネタも見れますし、そこのいいとこ取りをしていけば、自然に過去より現在のネタの精度が上がっていくと思うんです。

福山　若手の芸人さんが研究しているんですね。

岩井　研究なのか感覚的なものかはそれぞれだと思うんですけど、これまで

芸人
ハライチ
岩井勇気

のお笑いを取り込んで、それを進化させているのは事実だと思います。

福山　僕はお笑いは素人ですけど、アニメにおけるギャグやコメディ作品では、今は一周回って「大声を出すこと」がいちばん面白いんじゃないかと思ったりもしますね。長く仕事を続けていると、そういうシンプルさに立ち返ってしまう時があるんですよね。

岩井　それも一理あると思います。そもそも僕は「つまらないヤツ」なんて存在していなくて、誰でも「面白くなる手前の状態」にあると思っているんです。だから「どうすればある人間が面白くなるのか」をいつも突き詰めて考えているような気がします。

福山　これから先も進化していきそうですが、将来的な目標はありますか。

岩井　自分たちの漫才がこれで完成したと感じたことはないですし、誰よりも笑いを取れると感じたこともないんです。だからこれからもひたすら精進していくしかないとは思っています。コンビ間でそれをあらためて話すことはないんですけどね。お互いに別の仕事をすることも、一緒の仕事もある。だからそれぞれの現場で修行をしてきている感じ。そういう意味では、アニメの仕事で得た経験や知識もどんどん漫才に還元できているので、すごく充実していますね。

福山　やっぱり結局はそこですよね。僕がいろいろな活動をしているのも、最終的には声優としての仕事に落とし込むためですから。実は仕事を一緒にするようになってから、岩井さんの口調やらいろいろ観察して勉強してました。人の喋る口調って、その人自身が思っている以上に大切なんです。僕はとにかく速いんですけど、テンションが上がっている時も毒を吐いている時も、その人の口調や、言葉を発していくスピードやらがどうなるのかということに興味がある。いろいろな人のサンプルを観察して、自分がいつかそれを必要とする瞬間の引き出しにしたいんです。だから、こういう対談そのものも僕にとっては仕事のモチベーションになっています。

岩井　福山さんはやっぱり変な人ですよ(笑)。僕にとっては「これまで誰も見たことのない漫才を作る」というのが最大のモチベーションですね。漫才を追求する気持ちはこれからもずっと変わらない。一方でアニメの仕事は楽しみながらやらせてもらっていて、それがちゃんと受け入れられているというのがすごく気持ちいいんです。まだまだ、求められる限りはやらせてもらいたいと思っています。

福山　アングラな岩井さんとポップな澤部さんという、最強の組み合わせだからこそ表現できるハライチさんの漫才を、これからも楽しみにしています。

岩井　ありがとうございます。

TOKYO

Jun Fukuyama Professional Talk

RIHIRO YAMANE

山根理宏

アニメーター

声優と書き手は、互いに「創作」し、アニメーションの世界を物語る

山根理宏氏はロボットアニメやメカデザインを中心に、
迫力の画で知られる凄腕アニメーター。
福山は、多くの方にアニメーターの存在の大きさを知ってほしいと、
声優としての若き時代の恩人である山根氏との対談を強く希望した。
画と声優の身体性が交わる瞬間の喜びを、
異口同音に語る二人。
彼らが見つめる先は、やはりアニメーションと声優の未来だった。

Profile

1966年生まれ、山口県出身。アニメーター、演出家の湖川友謙の作画スタジオ・ビーボォーに参加。その後、サンライズなどを経て、90年代からは大張正己監督とともに、『勇者』シリーズ（91年〜98年）の作品で、メカニックアニメーターや原画として活躍。迫力のロボットアニメを生み出し、新風を巻き起こす。以降もフリーのアニメーターとして、メカデザインのみに関わらず、様々な作品でOP原画や作画監督を手掛ける。近年の作品に、CGアクションスーパーバイザーを務めた『バック・アロウ』（21年）や、作画監督を務めた『キングスレイド 意思を継ぐものたち』（20年〜21年）など。福山潤とは『超重神グラヴィオン』（02年、04年）、『コードギアス 反逆のルルーシュ』（06〜08年）などで作品をともにしている。

山根理宏
アニメーター

西武線沿線で飲み歩いた「青春時代」

福山　僕が山根さんに最初にお会いしたのは『超重神グラヴィオン』のオンエアが始まるタイミングだったので、もう20年近くも前になるんですね。

山根　確かスタッフとキャストが集まって、みんなで第1話を観たんでしたね。

福山　そうです。大張（正己）監督のスタジオでオンエアを観て、そのままみんなで居酒屋へ繰り出して朝まで飲んだんですよ。僕は酔った勢いで、山根さんにいろいろとインタビューしてしまったんです。

山根　そうでしたっけ？

福山　はい。当時の僕は、自分が観ていて面白かった作品に出演していた先輩方にお会いすると、当時のことについてあれこれと質問するということをやっていて、山根さんにもそのノリで突撃しちゃったんです（笑）。

山根　（笑）。そうだったんですね。

福山　僕が上京して初めて観たアニメが、山根さんがメカ作画監督をやられていた『勇者王ガオガイガー』だったんですよ。ちょうど弾丸Xが使用される話数（第30話「勇者、暁に死す！」）だったんですけど、画面から感じるあまりの熱量に、てっきりこれは最終回だろうと勘違いしたくらいで（笑）。その後、現場で主人公役の檜山修之さんにお会いした際にそのことを話したら、「収録時はもちろん画は未完成だけど、オンエアまでには最高のものに仕上げてくれるに違いないから、僕らはそれを信じて思い切りやりきったんだよ」ということをおっしゃっていたんですね。当時の僕はまだそこまで声優の仕事をしてなくて、キャスト陣と作画陣の信頼関係というところまで意識したことがなかったので、その感覚がすごく新鮮だったんです。そんな折に運良く山根さんにお会いすることができたので、これはもう聞くしかないと。

山根　話したことは覚えてますけど、何を話したかは…。僕、なんて言ってました？

福山　「僕はアニメーターだけど、画を描いている時は自分が俳優だと思っている」と。声優の芝居とアニメーターの芝居が合わさって、初めて一人のキャラクターが生まれるんだということを聞いて、なんてロマンのある仕事なんだと感動したのを覚えています。

山根　なるほど。ちょっと気恥ずかしいですけど、その考えは今でも変わっていないですね。自分の師匠は湖川友謙さんなんですが、雑談中に『伝説巨神イデオン』のドバ・アジバ総司令の話になった際、「ドバはこうやって歩くんだよ」と語ってくれたことがあったんです。キャラクターごとに歩き方にクセがあって、それらを全部描き分けているんだと。そういう芝居論が自分のベースにあるので、お酒も入っていたこともあって、ついつい熱く語っちゃったんですかね（笑）。

福山　でもあの時にそういうお話が聞けたことは僕にとって大きくて、今の価値観の形成にも繋がっているんです。声優としてまだまだ駆け出しの時期に誰と出会ってどんな話をしたかというのは、今振り返るとめちゃくちゃ財産になっているんですよね。

山根　当時はアニメーター陣とキャスト陣が飲む機会も多かったですしね。

福山　飲み会はもちろんですけど、アフレコ現場にアニメーターさんが来てくださったり、逆にスタジオにキャスト陣がお邪魔させてもらうこともよくありましたね。

山根　やっていることは違えど、実際にお会いして語り合うことで、「一緒に作っているんだ」っていう一体感は強かったですね。

福山　スタジオでバーベキューをしたり、居酒屋に飲みに行ったり、カラオケに流れて特撮縛りや70年代縛りで朝まで歌ったり（笑）。今はそういうことも少なくなりましたけど。

山根　めっきり減りましたね。キャストさんたちと一緒に飲む機会だけでなく、そもそも現場で飲みに行くことも減りました。僕が飲みに行くとなったらたいていは監督やメインスタッフで、なかなか若手のアニメーターさんと飲む機会はないですね。本来なら僕から飲みに誘って、いろいろと交流を図らないといけないんですけど、でも相手が嫌がるかなって遠慮しちゃったりします。

福山　今の時代、なかなかそこは難しいところですよね。僕の場合は学生時代から養成所に通っていたこともあって青春らしい青春をしてこなかったので、山根さんたちと西武線沿線で飲んでいたあの時代は僕にとってはまさに「青春時代」なんです。だから当時のことを話すのは嬉しくもあり、どこかむず痒くもあって。でもここまでずっと楽しくやってこられたのは、あの青春時代があったおかげだと思っています。

ロボバトルは「カッコいい」が大切

福山　山根さんといえば「ロボットやメカを得意とする凄腕アニメーター」という印象が強いんですが、もともとロボットが描きたくてアニメーターになったんですか。

山根　いえ、最初はとくにロボット好きというわけではなかったんですよね。とにかく絵が好きだったので、描かせてもらえるならメカでもキャラクターでもなんでもいいと思って上京したんです。

福山　じゃあいろいろなものを描いていくうちに、だんだんとロボットが好きになっていったんですね。

山根　ええ。とはいえ、上京して最初にスタジオに入った時は、周りとのレベルの違いに愕然としました。〝こりゃダメだ、俺なんて一瞬で消える〟って絶望しましたね。

福山　そんなに周りが上手だったんですか。

山根　そんな次元ではなかったですね。僕も上京するまでは多少の自信はあったんですよ。思春期特有の思い込

山根理宏

アニメーター

みで、なんとか通用するんじゃないかと(笑)。でもそんな幻想は一瞬で打ち砕かれて〝こんな化け物たちが同期にいるんだったら絶対に上京なんてしなかった〟と後悔しました(笑)。

福山　でも、そこまで挫折を味わっても、業界を去ろうとは思わなかったんですね。

山根　きっとすぐに消えるんだろうなとは思いつつ、自分から辞めようとは思わなかったですね。それにちょうどその頃大張正己さんがOVAでロボットアニメをガンガン作っていて、僕もああいうのが描きたいなって思うようになっていったんです。日常描写よりロボットのほうが簡単というわけではないんですけど、日常シーンでは周りにいる化け物たちに敵わないという意識もあったとは思います。それにロボットやメカの戦闘シーンって、華があるように見えたんです。当時は戦闘シーンを嫌がる人も多くて、「やります！」と言えばキャリアの浅い僕でも目立つシーンをもらえたりしたんですよね。

福山　ロボットを描き続けることで、だんだんアニメーターとしての自信も養われていった。

山根　まあ、自信はなかなかつかなかったんですけど(笑)。でももうやるしかないというか、腹はくくれたと思います。それがちょうど『勇者特急マイトガイン』のあたりですね。僕はチーフメカ作画監督という肩書きで参加していたんですが、プロデューサーから「おもちゃが売れなかったら山根くんのせいだからね」って言われて(笑)。男の子がメインターゲットの作品ですから、ロボットの変形や合体シーンが刺さらなかったら終わりなんですよね。だからそれまでやっていたロボットの芝居も大胆に変えて、キメのシーンでは絶対にカメラ目線にするとか、いろいろ工夫するようになりました。ほかにも、敵を強く見せたい時には主人公ロボを少し猫背気味に描くし、逆なら胸をピンと張るとか(笑)。これだけで無機質なロボットにも雰囲気やドラマを与えることができるんですよね。そういうことに気を配り出したのは『勇者』シリーズからですね。そこには台本や絵コンテなどの言葉から着想を受けたオリジナルが生まれると思ったんです。それまではただ自分がカッコいいと思う戦闘シーンが描ければ満足だったんですけど、自分に課された責任というものも意識するようになりました。

福山　以前に飲みの席で、ほかのアニメーターさんとロボットのパンチの軌道について議論を交わしていましたよね。物理法則にのっとった軌道でパンチを打つと顔が隠れてしまうから、物理法則は無視してでもちゃんと顔を出すとか。そういうこだわりもその頃の経験から生まれたものですか。

山根　まさにその通りです。もちろん描く人によっていろいろなムーブがあっていいとは思うんですけど、僕にとってのロボットバトルは、動きのリアルさよりも、気持ち良さやカッコ良さがいちばん大切なんです。そこは

BEIRUT

きっと声優さんのお芝居も共通したところがありますよね。

福山　それはありますね。そもそもロボットアニメにおけるお芝居って、すでに出尽くしている状態なんです。僕らキャストは、その中から何をチョイスするかというところなんですけど、仮に全員が同じ節回しになってしまうと、統一感は出たとしても、視聴者的にはだんだんと飽きてきてしまうと思うんです。だから一つの型を繰り返していてもダメで、そこはシーンや状況に応じて臨機応変に変えていくべきだと僕は思っています。

山根　そうですよね。画的には同じ変身バンク（毎話使用される変身シーン）や必殺技だったとしても、その時々で状況は違うわけですからね。

福山　そうなんです。我々がそういうことを積極的にやっていかないと新しいアイデアも生まれないですし、なぞっているだけなら声優の技術とは呼べないとも思うので、そこはいつも意識しているところなんです。ただ僕が突然自由にやり出してしまったら若手が混乱しかねないので、僕はこうやるから、君たちも好きにやってねと断りはします。そうやってみんなが自分のやりたいことをどんどん画に乗せていって、最終的に掛け算になるような現場や作品が増えたらいいなと思っています。

山根　それはアニメーターもまったく同じです。絵コンテではこうなっているけど、この流れならこう動かしたいなっていう自分の気持ちがあるじゃないですか。それは絵コンテを無視するということではなくて、やるべきことを理解しているならば、そこは意思をもって恐れずにやっていくべきなんです。これは僕がいつも言っていることですが、福山さんがおっしゃっているのって、きっとそれと似た考えですよね。

福山　ほんと、まさにその通りだと思います。アフレコや作画に限らず、仕事というのはすべからくコミュニケーションから生まれる賜物であるべきですよね。

声優と
アニメーターの競演

山根　アニメーターがロボットのパンチにそれぞれこだわりをもっているように、声優さんもアクションシーンのこだわりというものはきっとそれぞれ違いますよね。福山さんはどうなんですか。

福山　アクションに関しては、僕は画の動きが何より重要だと思っています。殴られている場所やインパクトの瞬間の体勢、力の乗り具合など、画で芝居の方向性が決まるポイントがたくさんあるんですよ。刀を使ったバトルでも、下から上へ斬り上げるのか、逆に上から下へ斬り下ろしているのかで息遣いがまったく違いますし。それによって人間の生理現象や物理法則がある程度決まってくるので、なるべくそれに逆らわない芝居をしたいとは思っています。分かりやすい例でいうと、上から下へ刀を斬り下ろしている動作中はできるだけ「うおー」っていう尻上がりの言葉は発したくないんです。それが人間の生理現象ですから。これが下から上へ斬り上げているなら全然いいんです。だから指示にそうあったとしても、何回かは粘りますね。もちろんそれでも演出上必要なんだと言われれば、やります。

山根　分かりますよ。僕もどこを殴られたかはすごく気になるし、何よりロボットが殴られて大の字にダウンするのっていうのがどうも不自然で嫌なんですよね。腕でガードをしている状態で殴られているわけだから、倒されたならもっと違う体勢になるはずだと思ってしまう。ヤラレには「ヤラレの美学」というものがあるんです(笑)。先ほどのパンチの話だと物理法則を無視してもいいんですが、この場合は物理法則にのっとったほうが僕としては「カッコいい」んです。まあ、腕でボディを隠せばボディを描かなくて済むっていう下心もあったりもするんですけどね(笑)。

福山　お芝居でも、物理法則を優先する場合と感覚を優先させる場合はどちらもあって、その都度使い分けています。僕は基本的には人間の生理現象は大切にしたいと思うタイプですけど、でもそれをあえて無視することで生まれる快感っていうのもあるんですよ。例えば最初に素早い小パンチを3発打って、続けて中パンチを入れて、若干のタメがあって最後に大パンチでキメるという流れがあったとして、その合計5発のパンチすべてに息を入れてしまうと、それは僕としては「カッコ悪い」んですよね。起点となる動きの出だしだけに小さく息を入れて、そのあとの中パンチは無視して、最後の大パンチに力を込めるほうが「カッコいい」。アクションに声を入れること自体現実ではあり得ないことかもしれないですけど、そうすることで観ている人に「真似してみたい」という願望を抱かせることができたりもする。そこは歌舞伎の見得や時代劇の殺陣とも似ているような気がしますね。やっぱりワビサビと緩急が大切なんです。

山根　分かります。アニメーターはキャストさんの芝居を想像しながら描く時もあるので、例えば福山さんだったらこう演じたいだろうなと思って描いて、それがうまくハマった時には「だよね！」って。

福山　当時オンエア後にお会いした時はそういう話をすることが多かったですね。「あのシーンはやられたよ」とか「ごめん、ギリギリ追いつかなかったよ」とか(笑)。

山根　そういうのは、当時僕らが事あるごとに集まって飲んでいたから感じる感覚なのかもしれないですね。

福山　そうかもしれないです。それこそアニメーターさんだけではなく、シナリオライターさんとの距離もすごく近かったのでいろんな感覚を共有できた。『超重神グラヴィオン』の時なんかは夜中に脚本の、ほそのゆうじさんから電話がかかってきて、「今必殺技を3候補まで絞ったんだけど、福山くん、

山根理宏
アニメーター

ちょっと叫んでくれる?」って言われたり(笑)。僕は当時、ある商店街の中のアパートに住んでいたんですけど、そこで「超重炎皇斬!!!」とか大声で叫びましたからね。夜中の2時ですよ(笑)。後日台本が送られてきて、ああ、これが選ばれたのかって。

山根　すごいね。福山さんの渾身の叫びを聞けた商店街の人はむしろラッキーだったかもね(笑)。

福山　やはりそういう経験があるおかげで、キャラクターというのは声優一人で成り立っているわけではないなと、今でも強く感じるんです。収録時に与えられた画からアニメーターさんの意図を汲み取ろうと想像しますし、そこに自分自身のプランだったり掛け合い相手との呼吸が加わり、さらに音響監督や演出家のディレクションも上乗せされていくので、実はアニメのお芝居っていろいろなセクションの方々とのセッションでもあるんですよね。

山根　実際、僕らも声優さんの気合いを肌で感じてモチベーションが上がることも多いですからね。アフレコにお邪魔させてもらった時などはとくにそうで、ほとんど画がない状態なのにものすごいテンションでお芝居をされているじゃないですか。スタジオに戻ると周りに「ヤバイぞ。役者陣はすごいテンションだったぞ」ってみんなに伝えるんです(笑)。間近で見てしまうと、その芝居を裏切るわけにはいかないですから。とくにあの当時はアニメーターがみんなスタジオに集まっていたので、それでみんなが奮い立って最後の追い込みをかけるということも多々ありました。肉体的には苦しいですが、充実感もあるし、すごく嬉しい気持ちになるんです。

福山　その逆もあります。声優はもちろん常に全力でお芝居をするのが大前提なんですけど、結局人間ですから、翌日にハードな収録が控えていたりすると、どうしても喉を温存しておきたくなるものなんです。でもそんな時、気合いの入ったビジュアルを見せられると、これはもう100%以上を出し切るしかないと思っちゃうんですよね。きっと喉は終わるけど、それでもやるしかない、明日の現場でみんなに土下座しようと(笑)。でもそういう気持ちになれるうちはまだ声優としてやっていけるとも思いますし、その感情が途切れることなくここまでやれていることが嬉しいなとも感じるんです。

生涯アニメーターでいたいワケ

福山　山根さんはメカやロボット作品だけでなく、最近は可愛い女の子が登場する作品もやられていますよね。今はどのくらいの比率になっているんですか。

山根　一時期はどちらもたくさん抱えていたんですけど、今は意図的にメカに寄せていますね。というのも、切り替えがすごく大変なんですよ。

福山　メカを描いたあと、すぐにキャラを描くのって難しそうですよね。

山根　そうそう。そこが苦にならない器用な人もたくさんいるんですけど、僕の場合は難しいですね。完全にモードが違う感じがして。今日まできゅるりんとした可愛い女の子を描いていて、じゃあ明日はロボットを描くというわけにはいかないんです。それをすると、なんかロボットの顔が可愛くなっちゃう(笑)。キャラクター作品をやったあとにキャラクター重視のメカ作品をやって、その次に完全なロボットモノという感じでシフトしていければ理想なんですけど、なかなかそううまくはいかないですからね。

福山　僕はわりと作品の切り替えは苦にならないタイプなんですけど、でも心のチャンネルというのはやっぱりあるんですよ。それでいうと僕の場合は、ハッピーなテンションの作品が続くとちょっとしんどいですね。ハッピーの上塗りってなかなかできないので、むしろ合間にアンハッピーなキャラクターを挟んだほうが、次のハッピーを演じやすかったりするんです。心のバランス的にも、そういうコントラストは自分にとっては大切なような気がしますね。

山根　なるほど。僕も、急にジャンルが変わると対応できないのは事実なんですけど、それでも同じことばかりを続けていたらダメだとか、変化を求める気持ちはあるんですよね。最近だと『宇宙戦艦ヤマト２２０２　愛の戦士たち』がそうなんですけど、あれは珍しく自分のほうから「やらせてください！」ってお願いしたんですよ。これまで挑戦したことのない絵柄なので、自分の何かが変わるはずだと思ったんです。

山根理宏
アニメーター

福山　山根さんのお仕事で僕がすごく驚いたのは『にゃんこい！』です。ニャンコマスターというクレジットで参加されていましたよね。

山根　あれも大きなターニングポイントでしたね。それまでロボットばかり描いてきた人間がいきなりネコですから、どうしようと本気で悩みました。でもタマというネコキャラを福山さんが演じていると知って、なんとなく心が晴れたんです。福山さんの声なら知っているから、作りやすかったというのもあって。でも実際にフタを開けてみたら、僕の想像を超えた芝居になっていてとても驚きました。そういえば僕は、福山さんの主人公の声しか知らなかったなと（笑）。でもすごく助かりましたよ。

福山　僕も台本に山根さんのクレジットを発見した時はとても嬉しかったんです。やっぱりこれまで一緒に戦ってきた方の名前を見つけると、こちらも何か新しいものを出さなきゃと、刺激にもなるんですよね。

山根　実は『にゃんこい！』以降、ネコを描く仕事が増えたんですよ。

福山　山根さんはネコも描けるんだっていうのが知れ渡ったんでしょうね。

山根　いや、本当は描けないんですよ（笑）。もう必死になんとかかんとかという感じでしたから。でもそんな流れの中で僕がいちばんビックリしたのは、『ラブライブ！』でオファーが来たことです。

福山　目を疑いましたよ（笑）。

山根　ほんと、何をどう考えれば僕に行き着くんでしょうか（笑）。ただこれをきっかけに僕自身の感覚も変わったのも事実なんですよ。やはりこれからはキャラクター作品も人間の芝居をしっかりとやらないといけないんだなと。それがはっきりと分かったのが『ラブライブ！』なので、今ではすごく感謝しています。

福山　そういえば、山根さんはこれまで監督経験はないですよね。将来的にはやってみたいという気持ちはあるんですか。

山根　ないですね。これは性格の問題で、監督業を否定するわけではまったくないんですけど、まだまだ自分の画が画面に映っていたいと思ってしまうんです。監督は確かに「監督作品」という呼ばれ方をしますけど、でも自分の描いた画が画面に映ることはないじゃないですか。僕はやっぱり自分の画がテレビの画面で動いているのを観たいんですよ。

福山　生涯プレイヤーでいたいという気持ちはすごくよく分かります。僕も今では自分でプロダクションを経営していますけど、だからといって将来的に社長業に専念するかといわれると、それは絶対にノーなんです。現役で居続けることがやはり自分の中でとても重要なんです。

山根　そうなんですね。僕はある程度歳もとって、昔のような機動力はなくなってきているし、集中力も続かなくなってきて。ただ、それでも画は確実にうまくなっているという実感はあるんですよ。だからこれからも年齢を重ねたなりの楽しみ方はできると思っていて。本来なら後進の育成に力を注がないといけない年齢なのかもしれませんが、そういう気持ちはまだ自分の中に生まれないんですよね。

福山　でもそれはご自身の仕事を通じて後進の方に伝わっていると思いますよ。画は時に言葉よりも雄弁に語りますから。

山根　若い人たちが自分もああいう画が描きたい、ああやって生きたいと思ってくれるのであれば、それが本当に幸せですね。福山さんは現場で若手の方たちに指導することってあるんですか。

福山　やっぱり自分が若い頃に先輩方から言われたことは、若い子に伝えるようにはなりました。脇として若い主人公を支えることも多くなってきたので、そういう時は「俺らがなんとかするから、怖がらずに思い切りやってこい」と。自分自身が先輩から言われて嬉しかったことって、時代は変われどやっぱり真理なのかなと思いますね。

山根　僕も見習わないと（笑）。

『鬼滅の刃』は希望の光？

福山　山根さんはアニメーターとして35年活動されていて、僕の大先輩です。そんな山根さんから見て、今のアニメ業界はどう映りますか。

山根　それはもちろん、いい面も悪い面もあると思いますよ。でもいちばん根本的な部分で思うのは、みんなもっともっと話をしたほうがいいんじゃないかっていうことですね。どういう画が描きたいのか、どんな芝居がやりたいのか。それをどんな言葉で伝え、表現するのか。そこの部分は昔に比べて明らかに話さなくなっている気がしていて、そこは心配でもあり残念でもあります。それに、あらゆる画は言葉から生み出されるものでもありますから。まあ、コミュニケーションが苦手な僕が言うのも説得力に欠けるかもしれませんけど（笑）。

福山　それは声優業界もまったく同じだと思います。あまり面と向かって話をしなくなったのは、いったいなぜなんでしょう。

山根　いちばん大きいのはアニメの作り方や作品性が変わってきたことだと思います。現代のテレビアニメはアニメーターや演出家の個性ってなかなか出しにくいですよね。作画も演出も全話を通して統一されるようなバランス感覚が求められますから。

福山　昔のアニメは毎話で変わる作り手の個性を楽しむ文化がありましたけど、今はそれが薄れていますよね。

山根　そうそう。それってアニメーションというものが、昔はコアなファンだけのものだったのが、だんだんとメジャー化してきたことの証だと思うんですよね。それはそれで業界の成長だし良いことだとは思うんですが、そうではない作品もあってもいいですよね。個性をフルに発揮できる場所があるとなれば、アニメーターたちはみんな持論を語り出すと思うんです。そうすることによって、最低限のルールは守ったうえで個性的なカットやシーンが活発に生まれてくるのかなとも思うんです。その会話と実践の繰り返しによってしか発見がないと思います。そのためにも、とにかくみんなが喋って意見を交換したほうがいいのは間違いないですよね。

福山　語弊があるかもしれませんが、僕個人の意見を言わせていただくと、アニメってメインカルチャーになったらいけないような気がするんですよ。

山根　というと?

福山　僕が子どもの頃にアニメーションにハマった最大の理由って、今になって考えるとどこかにコンプレックスがあったからだと思うんです。毎日が退屈だとか、現実じゃないどこかに行きたいとか。そういう時に、アニメーションの世界はとにかく自分の時間を無条件に奪ってくれたんですよね。どんなに落ち込んでいても、その30分だけは現実を忘れられたし、あるいは秘かに自分の糧になった。僕にとってのアニメーションというのはそういうもので、決して陽の光が燦々と降り注ぐところで楽しむようなものではないんですよね。それは作り手も同じで、むしろコンプレックスがあるからとてつもない熱量が生まれるものなのかなとも思うんです。

山根　メジャー化することで、そういった熱が失われるのではないかっていう不安はありますよね。

福山　もちろん多くの人に愛されるカルチャーになったことは喜ばしいことですし、いいこともたくさんあると思いますが、受け手や作り手がコンプレックスやマイナー感をもっていないと、あっという間に消費されて終わってしまうんじゃないかという危機感もあるんです。

山根　なるほど。でも僕は一方で希望もあるのかなと思っているんですよ。

福山　希望ですか?

山根　そう。例えば僕のようなアクション好きなアニメーターからすれば、『劇場版「鬼滅の刃」無限列車編』の大ヒットは希望でしかないんです。小さなお子さんが、あれだけ高度なアクションシーンを目の当たりにして虜になっているわけですからね。

福山　それは確かにそうですね。あれだけのアクションをやっているのがすごいことですからね。

山根　そうなんです。僕ら世代のアクションアニメーターは、みんな嬉しかったと思いますよ。やっと俺たちの時代が来たかと。まあ、僕自身は『鬼滅の刃』を一切描いてはいないんですけれど(笑)。

福山　これからまたアクションやメカの時代が来るかもしれないですね。

山根　僕からすれば、ようやく開幕したかという気持ちで、今はとてもワクワクしています。

福山　大先輩の山根さんが今でもギラギラしているのは、僕としてもとても刺激を受けますね。今日は本当にありがとうございました。

山根　こちらこそ。

TOKYO

Jun Fukuyama Professional Talk

THANKYOU TATSUO

サンキュータツオ

芸人、日本語学者

言葉がどうやって生まれたのか。
飽くなき探究と発見が作る、「笑い」

お笑いコンビ・米粒写経として活躍し、
日本語研究者として大学の教壇に立つ、
異色の存在・サンキュータツオ氏。
福山が、彼に多くの刺激を受けているのは冒頭のソロインタビューの通り。
分からない言葉をまず辞書で調べ、
さらに答えが出なければ、その曖昧性をも愉しむ彼ら。
その日本語への情熱は、重なり合い、「仕事論」へと行き着く。

Profile

1976年生まれ、東京都出身。芸人、日本語学者、エッセイスト。98年、早稲田大学在学中に落語研究会で居島一平と米粒写経を結成。以後、現在までコンビとして様々な舞台に立つ。また一橋大学、早稲田大学、成城大学で非常勤講師を務め、『広辞苑』第七版では、「サブカルチャー」の項の執筆を手掛けた。日本語学や文体論、お笑いにおける日本語の研究家として論文を発表している。さらにアニメや、数々の趣味を活かして多くの媒体でコラムなどの連載を持っているほか、渋谷で行われる定期落語会「渋谷らくご」ではキュレーターを務めている。主な出演番組に『東京ポッド許可局』〈土曜日／26：00～27：00〉（TBSラジオ）など。主な著書に『学校では教えてくれない！国語辞典の遊び方』（KADOKAWA）、『ヘンな論文』（同）、『これやこの　サンキュータツオ随筆集』（同）、『国語辞典を食べ歩く』（女子栄養大学出版部）、春日太一との共著『俺たちのBL論』（河出書房新社）など。

サンキュータツオ

芸人、日本語学者

「日本語」の在り方を考える

福山　お久しぶりですね。最初にタツオさんとお会いしたのは『ファイ・ブレイン〜神のパズル』のドラマＣＤの収録現場だったと思います。

タツオ　そうでしたね。僕はその時初めてドラマ脚本というものを書かせていただいたんですけど、台本を書き上げた当日、シナリオ会議に向かう道中で東日本大震災が発生して、それで会議が中止になったんです。だから当時のことはとてもよく覚えています。

福山　僕はタツオさんが芸人をされていることは知っていたんですけど、パズルをテーマとしたコンテンツの脚本を書かれたことが意外で、あの時は驚きました。

タツオ　僕が書いた脚本はコントみたいなものでしたけど（笑）。僕は福山さんのことは『巌窟王』で初めて認識して、『ブギーポップは笑わない』とか『成恵の世界』の人だったんだ！と分かって、意識して追いかけるようになりました。福山さんと同じくらいの世代、だいたい現在40歳前後の男性声優さんたちをウォッチするのが好きなんです。

福山　どうしてですか。

タツオ　福山さんの世代の声優さんで、20代で世間的に認知された方というのは、そのあとアーティスト活動を始められたり、事務所を辞めてフリーになられたりと、わりと新しい道を模索しているじゃないですか。顔出しをしたうえでマルチに活動されている方も多くて、そうした動きは福山さんたちより上の世代には珍しいですよね。もちろん山寺宏一さんのような方もいらっしゃいますが、それでも前例が非常に少ない状態で、いろいろと模索しながら歩んでいるパイオニアたちのような気がするんです。福山さんをはじめとして、この世代の男性声優がこの先どう進化していくのか、そこにとても興味があるんですよ。

福山　これからどうなるのか、僕のほうが知りたいくらいです（笑）。ところで、タツオさんはかなりのアニメ好きで知られていますけど、声優をフォーカスされたきっかけは何かあったんですか。

タツオ　意識的にのめり込んだのは『新世紀エヴァンゲリオン』が深夜に再放送された97年以降だと思います。深夜アニメの本数がどんどんと増加していったことを受けて、〝とりあえずやっているアニメはすべて観てみよう〟と思い立ち、そこから自然と当時の若手声優に注目するようになっていきました。それが２０００年くらいです。

福山　そもそも「全部のアニメを観てみよう」って思うのがすごいですよね。そこまで興味をもたれた理由はなんだったんですか。

タツオ　アニメって実写に比べると歴史も浅いですし、技術も日進月歩じゃないですか。なので、単純に進化の過程が追えて面白いなと感じたんですよ。それにリアルタイムで観続けることで、初めて見えてくるものっていうのも確実にあると思うんです。例えば、昔はメガネキャラといえば真面目一択だったけど、今はふざけたキャラも多いとか(笑)。「アニメが好き」という気持ちは根本にありつつ、トレンドチェック的な意味合いも含めて、いまだに定点観測をしている感じです。

福山　僕もそこそこ長くこの業界でお仕事をさせてもらっているので、様々な変化は肌で感じています。中でも個人的に気になるのが「日本語」の変化について、収録の現場で悩まされることが多いんです。

タツオ　日本語については『コードギアス 反逆のルルーシュ』でご一緒した時からずっと興味をもたれていたことを知りました。劇場3部作の舞台挨拶があって、その長距離移動中にもそんな話をしていましたよね。

福山　そうなんです。ちょうどその頃、日本語をあらためて勉強したいと思っていた時期だったので、失礼かなとは思いつつ、日本語学者でもあるタツオさんに「『私は』と『私が』の違いってなんですか」と聞いたんです。僕はひそかにものすごく細かいニュアンスまで含めた文法論的な回答が返ってくるのだろうと身構えたんですが、タツオさんからの答えは「とくに違いはないですね」でした(笑)。

タツオ　口語として日常生活で使う場合は使い分けますが、文法的にはどちらでも問題ないですからね。文脈を特定する必要がありますし。もちろん、専門的に違いを語り始めたらキリがないほど猛烈に違いはあるっちゃあるんですけど。

福山　けれど、僕としてはそれが大問題なんですよね。芝居をする際には「助詞」ってかなり重要な要素で、それによって認識する意味がかなり違ってくるんです。でもそれが日本語学的にどちらでも問題ないとなると、声優にとって正解がないことになるので、とてもやっかいなんですよね。そもそも日本語自体が日々変化していく中で、いったい何を規範にすればいいのか、少し絶望しました(笑)。僕らが日々喋っている日本語って、もはや概念に過ぎないのかとさえ思ってしまって。

タツオ　でも言葉や用法に対してそこまでの問題意識をもっている声優さんは、かなり珍しいと思います。上の世代の日本語を聞いて育ち、かつ下の世代の日本語にも敏感でないとそうはならないですし、さらにいえば自分自身も数多くのセリフを喋ってきた経験があるからこその危機感だと思います。

福山　僕としてはかなり由々しき問題のような気がしているんですよね。

タツオ　実写のドラマであれば最終的にはテレビ局の判断だと思いますが、アニメの場合は誰が判断して責任をもつのか、あまりはっきりしていないことも多いですからね。どうあるべきなのかは僕には判断できませんが、声優さん本人がそういう意識をもたれているのは大事なことだなと思います。

福山　セリフに違和感をもったとしても、その違和感を正しく説明する言葉をもっていないことがすごく怖いんですよね。現場のすべての人間がそう

サンキュータツオ

芸人、日本語学者

なってしまうと、よく誤用されがちな「役不足」や「すべからく」なども、いずれは間違った意味で使われるようになるかもしれないと思ったりします。

タツオ　確かに。実際今では「敷居が低い」や「違和感を感じる」「させていただきます」などは普通に使われているケースも多いですから。本来の日本語としては間違っているんですけども。

福山　タツオさんはアニメでそういう表現を耳にした時は、日本語学者としてどう思うんですか。

タツオ　気にはなりますけど、それで腹が立つということはないです。アニメーションというのは芸術であると同時に、大衆娯楽でもあるので、その時代の活きた言葉を使うというのは、もちろん明らかな間違いは別としてある意味で正しいのかなと思っています。

福山　僕はそれでもやっぱり気になっちゃうんですよね。これが誤用や俗語であることを分かっていて、それでもあえて選択しているのなら理解はできるんですけど、演じている僕自身が分かっていないというのはまた違う話かなと思うんです。だからこそもっと日本語を知らないとマズいなと感じますし、その際に規範となるものを求めてしまうんです。

タツオ　非常に共感できます。現場の人間としては規範はほしいですよね。福山さんの考え方は、立川談志師匠と同じ苦悩を感じていると思います。談志師匠は古典落語を現代的な価値観や感性で表現し直すことを試みた偉大な人ですが、常に言葉の置き換えに対する問題意識を抱えて悩んでいらっしゃったようですから。そこにすごく似たものを感じますね。

女子高生の「ら」抜きはむしろ自然

福山　タツオさんはアニメを観ている時、キャラクターの言葉遣いやセリフ回しについては、どんなところに注目していますか？

タツオ　やっぱり女子高生キャラの言葉遣いは気になっちゃいますね。例えば日常のゆるい系作品で、とあるキャラクターが可能の意味で「食べられる」って言っているのを聞くと、シナリオ会議でなのかアフレコ現場なのか、どこかの段階で「食べれる」に「ら」を入れる修正が入ったんだろうなって思っちゃいます。今時の女子高生で「ら」を抜かない子って、すごく育ちのいいお嬢様か、かなり頭のいい子だけだと思うんです。作品中の描かれ方がそういうタイプの子ではない場合には、キャラクターの説得力としては、正直かなり落ちちゃうんですよね。

福山　つまり、アフレコ現場では正しい日本語を使おうと思ってやっていることが、逆にキャラクターの説得力を削ぐ結果になっていることもあると。

タツオ　ええ。これはごく一部の人だとは思うんですけど、僕はついそういうところが気になっちゃいますね。ほかにも、自分以外の人をどう呼んでいるのか、いわゆる「人称」の変化も追ってしまいます。「○○さん」から「○○

サンキュータツオ

芸人、日本語学者

ちゃん」に変化して、さらに「君」や「あなた」「お前」のような代名詞に移り変わっていくような描写があると、思わずテンションが上がります（笑）。日本語って関係性の変化を言葉一つで表現できる特徴ももっているんですけど、今のアニメではこれがなかなかないんですよね。

福山　キャラクターが多いので、どうしても視聴者の方に名前を覚えてもらう必要があるということでしょうね。

タツオ　そうなんです。ひたすら名前を呼び続けるケースが多いんです。でも僕らの日常生活で、いちいち相手の名前を呼び続けることってまずないじゃないですか（笑）。だからこそ、そういう画一的な処理をしていない作品を目の当たりにすると、これはちょっと面白いぞと、思わず注目してしまうんです。

福山　それでいうと、アニメを評価する基準ってどんな部分ですか。

タツオ　ジャンルは問わないのですが〝やろうとしていることがこちらに伝

わってくること〟が僕にとっては大切ですね。先ほどの人称の件もそうですが、どこかで不自然さを感じてしまうと、監督と脚本家でうまくコミュニケーションが取れていないんじゃないかとか、アフレコで何かあったのかなとか、ついつい邪推してしまって素直に観れないこともあるんです。もちろんアニメーションの制作現場では日々いろいろなことが起こっているでしょうし、予算やスケジュールもかなりタイトであることは分かっているんですが、それでも〝なんでこうなった?〟という気持ちになることはあります。その逆に、作品のクオリティという点では不完全だったとしても、関わっている人の目的意識が共有されていて、何を伝えようとしているのかがはっきりしていると、それはこちらにもちゃんと届きますし、クオリティ云々はともかく、僕としては「面白い作品」になります。

福山　それは分かります。僕は最近あまりアニメを観なくなってしまったのですが、それは忙しくて時間が取れないという理由もあるんですけど、それ以上に「悪い部分」ばかりが目について素直に楽しめなくなってきたこともあるんです。もちろん、全体のクオリティとは別に「いい部分」もたくさんあるんですが、だんだんと偏屈になってきているので、これ以上そのクセが加速しないよう、素直にアニメを楽しめるようになりたいなと思っています。

タツオ　僕は大学で外国人留学生に日本語を教えることもあるんですけど、日本に留学しに来る人の8割くらいはアニメ好きなんですよ。そのうちのほとんどは母国で日本の漫画やアニメーションに触れていて、すでに日本語のベースを学んでいるんです。そこまで人を夢中にさせられるものって今の日本にはなかなかないですから、アニメは日本が誇る文化の一つであることは間違いないと思います。

福山　ちなみに、アニメで日本語を学んだ人に対して、あらためて正しい日本語を教えていくというのは、タツオさんとしては難しくはないんですか。

タツオ　いや、むしろ教えやすいです。すでに「生きた日本語」が頭や記憶に入っている状態で、そこに規範やルールを与えるだけですから。最初に教科書ベースの「死んだ日本語」を覚えても、それだけでドラマやアニメを観てセリフを理解できるかといったらかなり難しい。それに僕が何より素晴らしいと思うのは、アニメそのものが彼らの共通言語として機能しているところで、最高のコミュニケーションツールになっていることです。

福山　やっぱりもっとアニメを観ることにします。

農耕民族ゆえの
省略しやすい言語

福山　言語学者でもあるタツオさんから見て、日本語の特徴や魅力ってどんなところにあるんですか。

タツオ　個人的に面白いなと感じるのは大きく二つあって、一つは文末で

サンキュータツオ

芸人、日本語学者

ニュアンスがガラリと変わるところです。日本語には時制もないですし、「やる」や「あげる」といった授受表現もあるので、文末の動詞一つで意味合いが１８０度変わるんです。これはＳＶＯ型（主に主語、動詞、目的語で形成される言語）の英語などの言語には見られないものなので、すごく面白いですね。もう一つは、日本語は省略しやすい設計にデザインされた言語だということです。そもそも主語を省いても意味は伝わりますし、最近の例でいうと「やばい」の一言がいくつもの意味を持っていたりしますよね。それが状況の危険さなのか、食べたもののおいしさなのか、容姿のカッコ良さなのか、それはその前後の文脈だったりシチュエーションで特定されるので、大変興味深い。「は」と「が」の使用要因も文脈で決まるので、大局的に見ると「あんまり違いはない」とも言えてしまうわけです。ここも、「あんまり違いがない」とも「あんまり違いはない」とも言えるように。ニュアンスは変わりますけどね。

福山　なんでそういう言語に進化したんでしょうね。

タツオ　端的に言えば、日本が農耕民族だったからですね。こうした省略を良しとする言語は、地域内で人の移動が少なく、毎日同じ人とばかりコミュニケーションを取る環境、まさに日本のような農耕民族に特有のものなんですよね。

福山　なるほど。狩猟民族とは根本的に違うんですね。

タツオ　傾向的にいうとそうみたいです。狩猟民族は結論や言いたいことから入る。そういう背景があるので、僕はわりと日本語の省略や変化については寛容というか、まあそうなるよねっていう立場なんです。

福山　日本語自体がそれを良しとしている言語だから、むしろ当然だと。

タツオ　そうです。それに言葉が省略できるなら、そのほうが言語として習得しやすくなるわけですから、外国人が学びやすいなどのメリットもありますよね。でもそれに反して、日本人って漢字検定とか大好きですよね。一般人でも約２０００文字の漢字を覚えますし、検定１級ともなれば６０００文字もの漢字を覚える必要がある。でも僕は、より少ない言葉数と漢字で意味が伝わるなら、そっちのほうがよくないですかって思っているんです。

福山　日本語学者さんでもそういう考えの人もいるんですね。

タツオ　学者も価値観はそれぞれですけど、大半は僕と同じだと思います。福山さんは言葉や文法にこだわるタイプだと思いますから、日本語のその曖昧さはきっと苦手でしょうね。

福山　おっしゃる通りです。僕は自分が今何を喋っているのか、できる限り正確に知っておきたいので、曖昧だと困っちゃいます（笑）。タツオさんの著書『学校では教えてくれない！国語辞典の遊び方』を読ませていただいて、さらに怖いなと思ったのが「品詞分類（一般的には動詞、形容詞、形容動詞など、10種の品詞のこと）も変わる場合がある」というくだりなんですよ。

タツオ　そうなんです。これも時代によって変わるんです。

福山　それ、とても恐怖です。品詞が変わるということはアクセントも変わってくるわけで、そうなると放送業界の聖典ともいえる『ＮＨＫ日本語発音アクセント新辞典』と『新明解日本語アクセント辞典』が役に立たなくなるということにもなりかねない。僕らが立つ土台が根幹から崩れてしまう（笑）。

タツオ　確かに声優さんやナレーターにとっては問題かもしれません。でも声優のみなさんって、ぶっちゃけそこまで気にしているんですか。

福山　いや、ま、少なからず…僕は特殊な部類だとは思うんですけど（笑）。

二人のこれからの生存戦略

福山　僕は声優なので、当然常に芝居のことを考えているんですけど、タツオさんが思う「いい芝居」ってどんなものですか。

タツオ　僕は「芝居」に関しては素人なので、実際に声優さんがやられていることの本質は分かりませんし、芝居部分だけを抜き取って「良い」「悪い」を判断することもないですね。どちらかというと画や音楽も含めた全体として受け取っていて、僕がいいなと思うのは、アニメを観ていない時にもふと〝今頃、あいつ何をしているかな？〟って思わせてくれるキャラクターが好きですね。それってまさに僕の中で生きているということなので、僕にとってはそう思えるキャラクターを演じてくださった人が「いい芝居をする、いい声優さん」になります。もちろん福山さんもその一人で、作品自体が終わって随分と経っても、時折、〝あの子は今頃ずいぶんと大人になっているんだろうな…〟って思い返したりします。

福山　それは嬉しいです。ありがとうございます。

タツオ　福山さんもそういう感覚ってありますか。

福山　ありますね。僕がそういう感覚を抱くのは圧倒的に『機動警察パトレイバー』です。21歳になった時には「もうあの時の泉野明の年齢に追いつい ちゃったな」とか、節々で思い返すんです。最近ではついに野明の上司である、後藤（喜一）さんの年齢にも追いついちゃって、さすがに驚きました（笑）。

サンキュータツオ

芸人、日本語学者

タツオ　分かる（笑）。劇中では完全なおじさんとして描かれていたキャラも、実はギリギリ30代とかだったりするんですよね。意外と若いなと驚くと同時に、自分も若い人からはこう見えているのかと思ったり（笑）。

福山　そうなんです。まあ後藤さんに限っては四十男なので、言い訳のしようもなくおっさんなんですけど（笑）。

タツオ　でも声優さんって、やろうと思えば実年齢に縛られずにいろいろなキャラクターを演じることができるわけじゃないですか。ただ、福山さんは年齢とともに役柄がどんどんと変化しているイメージがある。これは僕の推察ですが、ご自身の身体性も含めて、その時期ごとに最適な役柄を選んでいるのかなとも感じるんです。意識的にご自身が挑戦されて進化を促しているというか。

福山　確かに自分の感性や身体の変化に合わせて、どんどん進化していきたいと思っています。ただ一つだけ違うのは、僕は役柄を自分で選んだことは一度もないんですよ。

タツオ　そうなんですか！

福山　僕は良くも悪くもキャスティングする人たちのオモチャなんです。無茶振りされることも多いですし、何かやってくれるという願望を込めて役をくださることが多い。しかもそれが類型のキャラクターではないので、きっと人によって僕のことをどう捉えているかが全然違うんでしょうね。

タツオ　声優さんとしては最高なことですね。

福山　ありがたいことにそこは、自分でも素直に最高だなって思っています。

タツオ　福山さんはそこを狙って今の状態になったんですか。

福山　狙っていましたね。もちろん最初からそこを明確にイメージしていたわけではないんですけど、とにかく若手時代は本当に仕事がなかったので、どうすれば仕事が増えるのか、自分なりにめちゃくちゃ考えたんですよ。あくまで当時の基準にはなりますけど、アルバイトをせずに声優業だけでなんとか食べていくためには、だいたいアニメの仕事が月15本ほど必要だったんです。だったら声優をキャスティングする権限をもっているスタッフさん15人に声と名前を覚えてもらって、それぞれから1カ月に1本だけお仕事をもらえれば、それで合計15本になるなと思って。ベースとなるスキルを高めていくのはもちろん大切なんですけど、当時の僕は〝とにかくまず15人をつかまえよう〟っていう気持ちで頑張っていました。その15人がそれぞれ僕の良いと思うところが違えば尚良い、とも（笑）。自分のことを「キャスティング側のオモチャ」だと捉えているのは、その当時の気持ちや姿勢の名残かもしれません。

タツオ　それが福山さんの生存戦略だったんですね。でも僕も期せずしてですが、そういうところはありますね。今は日本語学者として呼ばれることもあれば、芸人として呼ばれることもありますし、このようにアニメ関連でお呼びがかかることもある。僕の場合は細々と、それこそ糊口をしのぐ感じではありますけど、でもタイプとしては似ているのかなと思います。

福山潤の世代の声優に「奥ゆかしさ」を感じる

福山　タツオさんは、活動の軸となっているのはやはり芸人になりますか。

タツオ　そうですね。米粒写経として二人で舞台に立って、好き勝手に喋るという時間は絶対に外せないですね。普段の仕事でどのような役割を求められてもいいですし、それに応えたい気持ちもあるんですけど、舞台の上だけは完全に自由なのでそれが好きなんですよ。どのネタをやるかも決めずにとりあえず舞台に上がり、お客さんの様子を見ながら喋り始める。アーカイブも残らないその場限りの舞台で、お客さんと一緒に空間を作り上げていくその時間こそが僕の求めるもので、何ものにも代えがたい快感なんです。僕はそのために芸人になったようなものですから、やっぱりそこは譲れないですね。

福山　いいですね。あらかじめネタを決めないというのが素敵です。

タツオ　事前にカッチリと決めて臨んだ場合、相方がトチった時に僕が余計なストレスを抱えちゃうんです。〝決めていたにも関わらず何やってんだよ！〟って（笑）。長く付き合うにはストレスを溜めないことが互いに大切なので、夫婦間における円満の秘訣のようなものですね。福山さんが声優としての活動の軸にしているものはなんですか。

福山　声優である以上、アフレコやアテレコ、ナレーション、朗読といった従来の声優の仕事を軸にするべきだと思っています。時代はどんどんと変化していっていますけど、常に全体の50％以上は声の仕事で占められている状態をキープしたいんです。それさえ保てていれば、残りはアーティスト活動やイベント、ＰＲ活動、どんなニーズにもしっかりと応えたいと思います。

タツオ　今の声優さんは本当に大変ですよね。しかも人によってはＹｏｕＴｕｂｅなどで個人活動をされていたりもするので、もうどれだけ忙しいんだと。

福山　それは僕も単純にすごいなって思っています。とはいえ、もしも自分が今20歳くらいだったとしたら、ＹｏｕＴｕｂｅは間違いなく飛びついていたと思いますけどね（笑）。

タツオ　そうですか。それはちょっと意外ですね。福山さんの世代って、僕が子どもの頃に観てきた声優さんたちの「奥ゆかしさ」のようなものをギリギリ感じるんですよね。当時の声優さんって、自分そのものではなく、あくまで「自分が声を当てたキャラクターが愛されている」という認識じゃないですか。最後に目に墨を入れる存在という感じで。

福山　まさにそうですね。

タツオ　常に〝自分は表現するに値する人間なのか〟を問い続けている感じ

サンキュータツオ

芸人、日本語学者

がして、すごく謙虚な感じがします。僕は福山さんが世に出たき際、それに似た雰囲気を感じたんですよ。

福山　本質はそうだと思います。もともと声優の仕事ってセリフにしてもテンポにしてもかなりの制限があるので、その制限の枠組みの中でいかに自己表現をするかが大切だと思うんです。閉塞の中に自由を求めるのが声優なので〝完全に自由にやってください〟というのはむしろすごく苦手だと(笑)。それでいうと、ＹｏｕＴｕｂｅなどは自由過ぎて本来的には僕には向いていないのかなとは思います。ただ食わず嫌いもまた自分の視野を狭めるだけなので、なんでも一度は経験してみようとも思っているんです。やってみて、ダメならダメでそれでいいかと。

タツオ　僕が福山さん世代をウォッチし続けている理由って、そこなんです。昔の声優さんの気質をもちつつも、どんどんと活躍の幅を広げてくださっているのがまさに福山さんたちの世代ですから。僕にとっては「日本で最後のスター声優」みたいな感覚なんです。

福山　なんだかいい響きですね(笑)。

タツオ　(笑)。とにかくいちファンからすると、今の声優界はそうした二つの価値観の間で揺れ動いている時期なのかなとは感じています。

福山　そうですね。そこはどちらが良い悪いではなく、様々な価値観があっていいと思います。大切なのはそのことを自分が理解しているかどうかなんですよね。

タツオ　その通りですね。価値観を押し付けた時点でハラスメントになりますから。僕も日本語の言葉遣いなどで気になることもあるし、逆にこれいいじゃんって思うこともありますが、だからといって「こうしなさい」とは言わないようにしています。ただどのようにしてそういう言葉が生まれたのか、そのことについて知っておくことは大事だなと思います。

福山　知識にしろ経験にしろ、とにかく「知る」って本当に大切なことですから。華やかな舞台に憧れてこの業界に入りたいと思うのはもちろんいいと思うんです。でもその場合、仮に華やかな舞台に立てなくなったとしたらどうするんだろうと。そこで嫌になって辞めてしまうのも一つの選択ではありますけど、その先を掘っていくともっと面白くなるということを僕は「知って」いますから。先ほどのタツオさんのお話しも然りで、そこに人間が連綿と繋いできた文化や技術の一端がある。それを知らずに業界から去っていくのはもったいないなと、そういうことはつい思ってしまいますね。

タツオ　福山さんは声優という仕事が本当にお好きなんですね。結局、僕もそうなんです。ステージに立ちつつ、日本語そのものや、お笑いの日本語の研究や勉強をしている。その発見を漫才に活かしたいんですよね。

福山　本当にそうですね。いつまでもアフレコをしている時がいちばん楽しい自分でいたい。そのためにいろんなことを吸収していきたいんです。

Jun Fukuyama Professional Talk

MAKOTO UEZU

上江洲 誠

脚本家

止まらない脚本家が考える、自分自身の新しい「遺作」の作り方

多くの人気作で、アニメ脚本家を務める上江洲誠氏。声優たちが読むセリフを書き続けてきた上江洲氏は、福山に対して絶大な信頼を置く。それは自らが脚本に込めた想いを、福山が読み解いて演じる姿を感じてきたからだろう。「これからの作品は遺作のつもり」。そう明かす上江洲氏。彼の時代との戦い方に、福山も深く頷き、互いの志は対談の中でリンクしていった。

Profile

大阪府出身。大阪芸術大学を中退後、脚本家の黒田洋介に師事し、2002年に『陸上防衛隊まおちゃん』で脚本家デビュー。岸誠二監督、元永慶太郎監督と数々のアニメを生み出し、多くの人気作でシリーズ構成・脚本を務めている。近年の主なアニメの脚本作に『結城友奈は勇者である』（14年、17～18年、21年）、『アルスラーン戦記』（15年、16年）、『この素晴らしい世界に祝福を！』（16年、17年）、『BORUTO-ボルト- NARUTO NEXT GENERATIONS』（17年）、『ラディアン』（18年）、『ケンガンアシュラ』（19年）、『空挺ドラゴンズ』（20年）、『逆転世界ノ電池少女』（21年）など。15年に『暗殺教室』の脚本で、主演を演じる福山潤とタッグを組んでいる。上江洲の脚本作である『人類は衰退しました』（12年）や『乱歩奇譚 Game of Laplace』（15年）などにも福山が参加している。

上江洲 誠

脚本家

絶対に面白いものを作ってやるぜ

福山　上江洲さんは芸大出身なんですよね。もともと脚本家を目指していたわけではなかったんですか。

上江洲　そうなんです。勉強は苦手でしたが絵を描くのが得意だったという理由だけで芸大に進んだんです。ウェブ関連のアルバイトをしていたこともあり、将来はウェブデザイナーになるのかなとぼんやり考えていました。ただ向上心がまったくなかったので、優秀な成績で大学を中退しまして（笑）。やることがないのでホームページを作って遊んでいたら、「東京に来て仕事をしませんか？」とお誘いをもらったんです。

福山　そんなスカウトがあるんですね。それはどんなホームページだったんですか。

上江洲　雑誌の『てれびくん』の付録を、いい大人の僕が本気で遊び、アホな文章とともに掲載していたんです。当時はホームページで面白い文章を書けるヤツがヒーローになれた時代だったんです。

福山　ありましたね。いわゆる90年代のテキストサイトブームですよね。「侍魂」とか「ちゆ12歳」とか、流行りましたね。

上江洲　そう。「ちゆ12歳」とはバナー交換もしてました（笑）。わりと人気のテキストサイトとして、雑誌などで紹介してもらえるくらいではあったんです。

福山　今でいうところの人気ユーチューバーみたいな（笑）。でもシナリオを書いた経験はなかったわけですよね。脚本の技術はそこから勉強されたんですか。

上江洲　それが、僕の場合は修行期間とかは一切なくて、上京してすぐに脚本を書かせてもらえて、それがそのままデビュー作になりました。テレビアニメ『陸上防衛隊まおちゃん』とゲーム『ゆめりあ』がほぼ同時期だったと思います。

福山　すごいですね。ホームページでやっていた創作活動とは全然違う方向性ですし。

上江洲　失うものは何もないし、師匠の脚本家・黒田洋介さんからも「殺されるわけじゃないんだから、思いっきりやれ」と教えをいただけたことで頑張れたのだと思います。金言ですね。

福山　僕の知る限りですけど、上江洲さんって脚本家さんには珍しくギラついているイメージなんです。

上江洲　まったくそんなつもりはないですよ（笑）。

福山　いやいや、これは褒め言葉なんです。ケンカ腰とか怖そうとかではなくて、「絶対に面白いものを作ってやるぜ！」っていう気持ちが前面に出ていて、そういう気持ちを隠さない方はなかなか見受けないので。

上江洲　それは師匠の黒田さんだったり、若い頃からよくご一緒しているアニメーション監督の岸誠二さんの影響ですね。二人ともすごくエネルギッ

上江洲　誠
脚本家

シュな方で、ぐいぐいと人を引っ張っていくタイプなので、なんとか二人の歩幅に合わせようとした結果身に付いたスキルだと思います。本来はめちゃくちゃ内向的で、部屋でプラモデルを作っている時が、いちばん幸せという性格ですから(笑)。

福山　そうだったんですね(笑)。

上江洲　逆に、僕から見た福山さんは完全なトップランカーです。

福山　ありがとうございます(笑)。

上江洲　福山さんを呼びたいと思う時って、作品に対して勝算だったり明確なプランがある場合で、なかなか普通には切れないカードだなと感じています。

福山　僕が最初に上江洲さんの作品に出演させてもらったのは『人類は衰退しました』の助手さん役でした。

上江洲　そうそう、助手さんってまったく喋らないキャラクターなので、こんなビッグネームを呼んでおきながらセリフがないなんて、申し訳なさ過ぎて顔合わせに出られなかったくらいでした(笑)。

福山　いわゆるカメオ出演で、当時流行したお遊びの走りですよね。音響監督の飯田里樹さんと岸監督はずっと笑ってましたけどね(笑)。

上江洲　あれは完全にあの二人が悪いんです(笑)。

福山　「イケメンな感じで可愛くお願いします」ってお願いされましたから。

上江洲　セリフ自体がほぼないのにね(笑)。

アニメのキャストは劇団

福山　上江洲さんは脚本を書く際、芝居や画をどこまでイメージされているんですか。

上江洲　芝居も画もすべて織り込み済みで書いています。僕は予算が無限に扱えるようなビッグバジェットな仕事はあまりないので、そうなると限られた予算と工程数でどう仕上げるかを最初に考えないといけないんです。どうやって作って、お客さんにどう受け止められたら成功と呼べるのか、まずはそのビジョンを明確にすることから始まります。ブルーレイなどのソフトの売り上げ目標を定めてコアなファンに向けて作るのか、それとも売り上げは無視してでも幅広い層に向けて視聴率を上げるのか。それによって同じ原作でも料理の仕方はかなり違ってきますから。とにかく完成品のビジョンは明確に示さないとダメ。アニメ作りってぼんやりとしたことを言っている人間から先に死んでいく世界なんですよ。

福山　そのためにも脚本の段階で芝居や画もできる限りイメージしておかないとダメということですね。

上江洲　その通りです。もちろん、それは監督やプロデューサーたちと一緒に決めていくんですけど、脚本はアニメにとって最初の成果物なので、ここでこの作品がどの地点を目指しているのかをはっきりと示す必要があるんです。

福山　では、キャスティングについてはどこまで考えていますか。

上江洲　書いている時に何人かの声をイメージすることはありますけど、「この人しかいない！」みたいなことはあまりないですね。オリジナル作品でも基本的に当て書きはしません。ただ『ＬＡＩＤＢＡＣＫＥＲＳ–レイドバッカーズ–』で福山さんに演じていただいたロンなどは、書きながらちょっぴり頭をよぎっていたかもしれません。ギャグシーンでその呼吸が分かる人って、どうしても限られてきますから。

福山　確かに。上江洲さんはいつもキャスティング会議にも参加されますよね。

上江洲　もちろん。それぞれのキャラクターごとに何人か希望も出します。ただキャストの布陣というのは劇団と同じだと思っているので、仮に僕の第一希望が主役に決まったとしても、周りを固めるメンツによってはバランスが崩れてしまうこともあるんです。そこは本当に難しくて、毎回頭を悩ませるところですね。

福山　すごくよく分かります。僕は『乱歩奇譚 Game of Laplace』でナミコシというラスボスを演じさせていただきましたけど、実はもともとハシバ役でオーディションを受けていたんですよ。当時の僕は、まだまだ自分は少年役ができると思いつつも、もし自分がハシバをやることになったら、ほかのキャスティングは相当頭を悩ますだろうなとも感じていて。

上江洲　いやもう、その通りなんです。これは仮の話ですが、例えば先に主人公のアケチに櫻井孝宏さんが決まっていたとして、そこに福山さんがハシバとして入ったとしたら、これは当時新人の高橋李依（コバヤシ役）がすごく困ることになるぞと。

福山　だからメインの座組が発表された時にはすごく納得しました。正直オーディションではかなり手応えがあったんですけど、結果としてなるほど、と。

上江洲　すべてお見通しですね。おっしゃる通り、達者な人は達者な人なりに、デッキを組むのが難しいこともあるんですよ。

福山　キャストが発表された時点で、この作品はキャラクターや世界観をこう見せたいんだなという明確なビジョンが伝わってくることがあって、そうすれば僕もこうやって立ち回るべきだなというところまで想像して臨むことができるんです。とくに岸監督や上江洲さんが関わっている作品はそれが明確な印象があります。かなり挑戦的な内容の作品が多いので、僕としてもそこはチャレンジングではあるんですけど、やりたいことが明確になっている分、あまり演技プランに迷わずに済むんですよね。

上江洲　そう言っていただけると、キャスティング会議でうんうん悩んだ甲斐もあります（笑）。

福山　これまでたくさんの作品を経験してきて思うんですけど、現場の全員が達者な売れっ子たちで固められた時って、逆にすごく難しいと感じることがあるんですよね。実力のある人は

みなさん座組に対してのセンサーがすごく働くので、自分の能力が思う存分発揮できる作品だと感じると、当然みんな全力を尽くす。けれど、そうなればなるほどそれらを繋げて束ねるコンダクター（指揮者）の役割が大切になってくるんです。それってその人に「コンダクターとしての役割に徹しろ」と言っているのと同義に感じるんです。全員の能力が高くて思い切り力を発揮できる現場だけに、それを引き受けるのってなかなか辛くて。もしその中に未熟な新人が一人でも入っていたら状況はまったく変わってきたりもしますし、別の有り様が生まれてくると思うんです。もちろん僕ら役者は決められた座組の中で最大限のパフォーマンスを発揮することが仕事ではあるんですけど、考えれば考えるほど、あらためてキャスティングというのは難しいなと感じることが多いですね。

上江洲　そこがアニメでも、キャスト陣はいわば、劇団だなと思う部分なんですよ。コロナ禍になる以前、アフレコ後に必ず飲み会を開いていたのは、僕らとしてはそういう関係性を見極めたり、あるいは弱点のケアをするという意味合いもありましたから。

福山　そういうところまで見ていたんですね。

上江洲　現場でのコンダクターは役者さんの中にいるべきだと思いますけど、現場の外であれば僕らもヘルプに回れますから。機嫌が悪そうな人がいたらなだめたり、落ち込んでいる人がいたら元気付けたりと、そこはスタッフの役割でもあると思っているんです。そもそも僕は役者さんが好きですし、何より役者さんが楽しんでいない作品って必ず失敗すると思っていますから。

『暗殺教室』はスペシャルな作品

福山　僕も上江洲さんの言動にはずいぶんと助けられてきましたので、キャスト陣を劇団に例える気持ちは分かる

気がします。とくに『暗殺教室』では最初に「セリフで相談があるならなんでも言ってください」と言ってくださって、僕としてはすごく助かりました。

上江洲　『暗殺教室』では福山さんがコンダクターとしてはっきりとした振る舞いをしてくださったので、僕らとしてもとてもやりやすかったです。

福山　『暗殺教室』は、僕の中ではスペシャルな作品なんです。僕はあの作品で初めて後輩声優たちと深く関わることになったんですが、もし殺せんせーを演じていなかったら、今こうして事務所を構えて養成所をやっているか分からないくらいです。

上江洲　確かに、福山さんはこの作品でかなり印象が変わりましたね。それまではどこか一匹狼な雰囲気でしたから。

福山　そうですね。それまでの僕は過度に人と関わらないと決めていたんです。アドバイスや指摘をすること自体がおこがましいと感じていましたし、関わり方もよく分からなかったんです。ただ、僕の中でより良い作品にするための指摘というのは正義なんですけど、それは一歩間違えば相手を傷付けてしまうし、下手をすれば破壊行為にも繋がる。ひと昔前の大らかな時代であれば何の問題もなかったことでも、今はずいぶんと違いますから。

上江洲　もちろん、言い方にもよりますけど、なかなか注意や指摘がしにくいご時世ではありますね。

福山　なので、意見の提示はしてもそれを受け入れるかどうかは相手の自由で、決して「こうしろ」とは言わないスタンスでいました。けれど、この作品に限っては、そのスタンスのままではうまく立ち行かないだろうと感じたんですね。殺せんせーは生徒たちを教育しながら自分自身が死ぬ未来へと彼らを導いていくんですけど、それは決して一方通行な教育ではないんですよね。殺せんせーも生徒たちからたくさんのものを受け取っていて、それらを積み上げることでようやくあのクライマックスにたどり着けるわけじゃないです

上江洲 誠
脚本家

か。それなら、殺せんせーを演じる自分もみんなから何かをもらわないと成り立たないと思ったんです。これまでのやり方を変えてうまくいく自信はなかったですし、完璧にできたというわけでもありませんけど、でもそういうふうに後輩たちに深く関わっていなかったらあのクライマックスの芝居はできなかったんじゃないかなとも思っていて。そういう意味で、人生で転換点になった作品なんですよね。

上江洲　あれから5年ほどが経ち、今こうしてお話を伺ったことで、僕の中ですごく合点がいきました。以前の福山さんは人生で楽しいことはあるんだろうかと思われるくらい本当にクールな印象でした。

福山　ああ、岡本（信彦）からそんなことを言われましたね。

上江洲　その時福山さんは「無用な衝突を生まないようにしているんだ」と答えていて、それを横で聞きながら面白いなあと思っていました。でも『暗殺教室』は我々スタッフとしても、人生でここまで入れ込んだことはないというくらい前のめりになりましたから、思い出深い作品です。

福山　そもそも『暗殺教室』って原作とアニメがほぼ同時期に終了する進行だったじゃないですか。これは純粋な疑問なんですけど、もともとそこを見据えていたんですか。

上江洲　そうです。集英社さんからそういうプランを提案されたんです。ただそのためにはまず前半戦である第1期を成功させないといけなくて、完結編となる第2期をやれるかどうかはそれ次第という状況でした。まずは第1期に全力投球しました。結果的に大好評で第2期ができることになったんですけど、そうなったらなったで、もう怒涛のごとく、進んでいったんです。

福山　上江洲さんが脚本を書かれていた時期って、まだ原作が連載途中ですもんね。

上江洲　なので、アニメの最後の10話くらいは原作者の松井（優征）先生に協力してもらい、執筆しました。『暗殺教室』は最初から結末を決めて作られているお話なので、松井先生の中ですでに道筋は明確だったんです。しかも先生自身がアニメと同時に終了するというアイデアをとても面白がってくれて、最後まで協力していただきました。だからこそ、すべてが集約して実を結ぶ第2期の24話（最終回）は、これはもう伝説的に面白くしないといけないと、我々スタッフも燃えていましたね。

福山　第2期の第24話は、本編中は一回もCMにいかないんですよね。

上江洲　そうなんです。あれも脚本段階でそうしようと決めて、準備をしていました。

福山　そうだったんですね。僕に関して言えば、芝居のすべてがうまくいったと思っているわけではないんですけど、現場での立ち居振る舞いも含めてあの時間はものすごく勉強になりましたし、最終的に〝殺せんせーなら絶対にこういう考え方をするはずだ〟と確証を得られるところまでたどり着けたと思います。たとえ松井先生が違うと言ったとしても、〝いや、俺が合ってる〟と思えるくらい。

上江洲　（笑）。それはすごい！

福山　あとで松井先生に答え合わせをしたらその通りだったので、ズレていなかったので良かったです。でもそこまで信じることができたのは、それまでのスタイルを捨てて現場に臨んだからで、それによって価値観が変わったからだとも思うんです。自分の人生において初めて他者を受け入れることを本気で考えるようになったきっかけの作品なんですね。それが人より遅かったかもしれませんが。

上江洲　人生の中でそういう変革が起きる時って、目の前の仕事に全力で取り組んでいる時ですよね。一生懸命にやっていると何かしらそういうことが起きるし、それは素晴らしい体験だと思います。

福山　あともう一つ印象的だったのは、『暗殺教室』では結構アドリブを要求されたんですよね。僕の中のこだわりとして、その場からはけていく時と、画面に戻ってくる時で整合性を取るということを意識していたんです。それもできるだけ上江洲さんが書いたセリフだと思わせたいと思っていました。

上江洲　それはもう脚本家の仕事をしているに等しいですよ。

福山　僕としては、それが脚本家さんとのコミュニケーションなんです。だからそれまでに上江洲さんが書いたアニメオリジナルのセリフやシーンなどを思い出しながら、この流れなら僕が今言っても成り立つんじゃないかとか、脚本に込められた想いを読み解きながら付け足していったり。それがうまくいくと、作品や脚本に書かれた「言葉」により深くコミットできた気がして嬉しいんですよ。

上江洲　そういうアドリブは、僕としても嬉しいです。一緒にモノを作っている感覚が得られるし、どれだけ予想外のアドリブが入ったとしても、本質的に作品としてのブレが出ないですから。

福山　そういうことを突き詰めてやっていると、きっと僕はこの先、一生飽きずにこの仕事を楽しめるんじゃないかと思えるほどです。

上江洲　素晴らしいですね。アドリブ絡みで言うと、これは愚痴になってしまうんですけど、コロナ禍になってからは全体収録ができなくなったので、ガヤやモブのセリフもすべて僕が書かないといけなくなって、それが結構大変なんです。

福山　それは想像しただけでキツいです。僕は一人で収録している時でも構わずにアドリブを入れていますけど、そうはできないんですか。

上江洲　それは福山さんだからできるんです（笑）。それにモブ数人での掛け合いもあるので、なかなか個別収録で合わせていくのは難しいですよね。

福山　でもそれは、若手や新人にとってはすごくもったいないことだと思いますよ。

上江洲　どういうことですか。

福山　普通のガヤ収録って、だいたい10人とか20人とかで一斉に録るので、

上江洲 誠

脚本家

誰がどんなセリフを言っているか分からないじゃないですか。でも個別だったり2、3人で録った場合は誰が言ったかすぐに分かりますよね。モブキャラ同士の掛け合いのエチュードにしても、スタッフさんからすれば"ああ、この子はこういうキャラクターもできるのか"と知ってもらえるチャンスだと思いますし。

上江洲　確かに本編のキャラクターではなくモブのお芝居が印象に残ることもありますから、それは売り込むチャンスですね。

福山　そうなんですよ。しかも今は少人数ですから、周りの空気も気にせず思いっきりできるわけです。これは大チャンスだと思うので、要求されなくても進んでガヤやモブをやるくらいの気持ちでいいと思うんです（笑）。なんでそうしないんですかね。

上江洲　やっぱりハートが強い。トップランカーは違いますね（笑）。

人生後半戦の生き方

福山　上江洲さんも脚本家として長く活躍される中で、心境の変化のようなものを感じたことはありましたか。

上江洲　これは……実は今がまさにそうなんですよ。

福山　今、ですか？

上江洲　そうです。40歳を超えたこととコロナの影響で仕事のやり方が変わったことが大きいと思いますが、自分自身も生き方を変えないといけないと感じていて。

福山　それはどんなふうに？

上江洲　僕がこれまでやってきた仕事というのは、大勢のスタッフに対して誤解が生じないよう、完成イメージをできるだけ具体的に提示すること。僕が18年間で培ってきたノウハウは、ほぼすべてがそのためのものなんです。自分で言うのもおこがましいですが、そういう小器用さに関してはかなり長けているし、やれてきた自負もある。僕自身、これまではその能力を発揮することに喜びを感じていましたし、周りからもそれを求められてきました。でも今になって、そういう小器用なやり方では満足できなくなってきたんです。そのやり方では一行も筆が進まない。本心から自分が納得できるセリフや行動じゃないと書けなくなったんですよね。

福山　その感覚はちょっとだけ分かる気がします。僕も若い頃は、マルとチョンだけで描かれた絵コンテを見ながら、掛け合う相手のセリフを脳内で完全再生して、そこにバッチリハマる芝居を考えることが楽しかったし、現場でそのプランがハマることに喜びを感じていました。でも今はそれが難しくなってきています。

上江洲　そうそう、僕もこれまでは技術によってパズルのピースをはめていくことに快感を覚えていたんですけど、新人作家からスタートし、それなりに成長して、もう今までの戦い方はできないなというのを肌で感じているんです。

福山　脚本家さんは僕らに比べて一つの作品に向き合う時間が長い分、余計にそう思うのかもしれません。

上江洲　アニメの脚本家がどれだけたくさん書いたとしてもせいぜい1年に4作品くらいですけど、これから先は体力的な衰えもあるからそんなには書けないでしょう。しかも僕は人のシナリオに納得できない性分で、シリーズ構成として全話自分で書き直すからますます作品数は絞られてくる。そう考えると、もう人生でそんなに数は書けないなということに気付いたんです。だからこれからの作品は、一本一本が遺作のつもりです。だからこそ、本当に自分が納得のいくものを書かないと自分が喜べない。周囲からは「いつも通り小器用にやってくださいよ」と言われるんですけど、肉体的にも精神的にもそれはもうできないんです。だから今、人生で初めて仕事を選ぶということをしていますね。

福山　そうだったんですか。では今は本当に書きたいものを書いている。

上江洲　そうですね。今仕込んでいるものはどれもオリジナル作品なんですけど、あまり他人のことを考えては書いていなくて、自分自身が納得できるかどうかに重きを置いています。ただ、ことあるごとに僕の悪いクセが顔を出してきて、ここにこういうキャラがいたらウケがいいだろうとか（笑）。今はそういう悪い手クセを押さえ込みつつ書き進めている感じですね。でも人の機嫌を取らずに好きなことを書けている感覚はあって、楽しいです。

福山　それはまさに新境地ですね。その準備されているものはどんな作品に

なりそうなんですか。

上江洲　これまでにアニメが取り扱ったことのないテーマ、例えばLGBTや貧困などを設定に忍ばせていたりして、これには僕自身も驚いていますね。これまでそんなことは考えたこともなかったのに、実は僕はこういう様々な社会問題に触れた作品が作りたかったんだと。

福山　思い返すと、『乱歩奇譚 Game of Laplace』にもそういうテイストが少しありましたよね。

上江洲　確かにあれは原石でした。ただあの時はまだまだ粗くて、いろいろとやりたいことはあっても、どう表現するかのバランスが掴めていなかったんです。その延長線上で、もっとそうしたテーマを突き詰めたものを書きたいんでしょうね。

福山　すごく楽しみです。でももしかしたら、自分の書きたいものを書いた結果、またこれまでのようなやり方で書きたいと思うこともあるかもしれませんよね。

上江洲　小器用にまとめるやり方も、それはそれで楽しかったよね、と？

福山　そうです。別のところへ行って、そこからあらためて自分の居た場所を眺めることって大切だと思いますし、そうするとまた見え方が違ってくるかもしれない。

上江洲　それは確かに。きっと5年後には今とはまた違った生き方を始めているはずで、どんどんとフェーズが移行していくんだろうなと思います。でも現状は、むしろどうやってこの世界からフェードアウトしようかなと考えているくらいなんです。

福山　そうなんですか。

上江洲　アニメ制作のスタイルがどんどんと変化している中で、10年後に自分が業界から求められているイメージがなかなか湧かないんですよね。

福山　それだけで今からフェードアウトすることまで考えているんですか。

上江洲　そう。そもそも今後のアニメーションビジネスがどうなっていくのか分からないというのも要因の一つかもしれません。パッケージ販売から配信を中心にしたビジネスモデルとなり、それもいつまで続くか分からない。自分なりに将来のビジョンをもつことができればまた考え方も変わっていくと思うんですけど、今はあまり楽観的には捉えられないんです。

福山　そうだったんですね。だからこそ、これからの作品はすべて「遺作のつもり」なんですね。

上江洲　そういうことです。ただ、もちろんこれは現時点で感じていることですから。福山さんの言う通り、再び若い頃のようなスタイルに戻ることだってあると思いますし、何しろまだまだ書きたい題材がありますから。

福山　書きたい題材とはどんなテーマなんですか。

上江洲　実話の事件ですね。映画の『アルゴ』とか『ダラス・バイヤーズクラブ』とか、どちらも実話ベースなのにめちゃくちゃ面白いじゃないですか。いつかそういうアニメが作れたら最高です。実際の事柄なら資料がすべて揃うから、設定や美術の発注も楽しいですし(笑)。

福山　これまでのお話をお聞きして、今は上江洲さんご自身はもがいていて苦しい時期かもしれませんけど、僕から見ていると面白いなって思ってしまいます。

上江洲　結局、まだまだ模索中だしもがいているのも事実なんですけど、そんな変化を楽しんでいる自分もどこかにいるんです。ロボットや仮面ライダーが好きなだけの、ただのオタクだった僕がこう思う日がくるなんて、人生って本当に分からないものですよね(笑)。

福山　同感です。僕だってもともとはオタクの人間ですから(笑)。それが今では、お茶の間で交わされる普通の会話が芝居として、いちばんやりたいと思っていますから。

上江洲　何の変哲もない日常の芝居で人の心を動かせたら、それはもう役者にとって最高ですよね。

福山　結局僕は、どこまでいっても「人間の機微」を演じたいんでしょうね。

上江洲　僕も書きたいものは同じです。その先にロボットの合体やライダーの変身といった派手なものがあってももちろんいいんだけど、まずはそこですよね。僕も福山さんも40代になってあらためてそう考えるようになったというのは、感慨深いですね。

福山　本当にそう思います。上江洲さんがこれからどんな作品を書いていくのか、僕は今、すごくワクワクしています。

Jun Fukuyama Professional Talk

YOSHIYUKI TOMINO

富野由悠季

アニメーション監督

監督としての良い仕事は、残酷さと厳しさの向こうにしかない

手塚治虫の薫陶を受け、50年以上。
今も第一線で演出を務める富野由悠季監督。
一方、かつて『ガンダム』に夢中になった少年は、声優になり、
憧れの作り手と作品をともにするも打ちのめされ、
20年を経てプロになった今、伝えたい想いがあった。
互いの想いがクロスした接点が、深い言葉となり、
「プロフェッショナル」の意味を総括した最後にふさわしいインタビューとなった。

Profile

1941年生まれ、神奈川県小田原市出身。アニメーション監督、作家。斧谷稔、井荻麟、井草明夫などの名義ももつ。日本大学芸術学部を経て、64年に手塚治虫率いる虫プロダクションへ入社。日本初の本格テレビアニメ『鉄腕アトム』(63年〜66年)の演出を手掛け、虫プロ退社後はフリーとして活躍。72年に『海のトリトン』で監督デビュー。79年に『機動戦士ガンダム』の総監督を務め、アニメブームを起こす。以来、『伝説巨神イデオン』(80年〜81年)、『聖戦士ダンバイン』(83年〜84年)、『ブレンパワード』(98年)、『OVERMAN キングゲイナー』(02年〜03年)などのテレビシリーズを手掛ける。映画監督としての代表作に『機動戦士ガンダム 逆襲のシャア』(88年)、『機動戦士Zガンダム』3部作(05年、06年)など。現在、劇場版『Gのレコンギスタ』(19年〜)全5部作の劇場版の総監督、脚本を務める。近年は日本各地の美術館で『富野由悠季の世界』展が開催されている。福山潤とは『∀ガンダム』(99年〜00年)や『リーンの翼』(05年〜06年)などで仕事をともにしている。

富野由悠季
アニメーション監督

二人の出会いとなった『∀ガンダム』の現場

福山　監督と直接お話しさせていただくのは、およそ10年ぶりくらいだと思います。

富野　仕事以外では会ったことがありませんものね。

福山　覚えていらっしゃるか分かりませんが、10年くらい前に最後にお会いしたのは、ある会社の新年会だったんです。バイキング形式だったので僕はお蕎麦を食べていたら、そこに監督が現れて。鰻丼をくださいました。

富野　いや、僕は鰻丼は人には渡さない（笑）。

福山　（笑）。僕は富野監督に鰻丼をいただいて、お蕎麦と一緒に食べた記憶があります（笑）。

富野　その時のことは忘れていますね。申し訳ない。僕は基本的に、声優さんとの会話はほとんど覚えていないんです。それはまず立場が違うからでしょうね。だけど、福山くんは一緒に仕事をした声優の中では、会話をしたことをもっとも覚えている人の一人です。

福山　マジですか！　やった！

富野　これはお世辞で言うわけではなく、『∀ガンダム』のキース（・レジェ）のキャスティングは本当に難航したんです。声優事務所が提案する声優さんのレベルはだいたい同じ。その中にキースはいないのよ。じゃあ、オーディションに落ちている人をもう一度洗い出そう、となった。

福山　そのことを覚えていてくださったんですね。

富野　業界の中にはキースにふさわしい声優が本当にいなかった。だから、キースの声はいまだによく覚えているんです。まずは声で知って、福山という名前はあとから知った（笑）。

福山　僕がアニメで人間の役をすることになったのはキースが初めてだったんです。当時の僕は『∀ガンダム』がなければ、声優として残っていなかっただろうし、それどころか自分が何をやっているかその理解もなかった。そもそも僕が声優という仕事に興味をもったきっかけは『機動戦士ガンダム』なんです。最初は戦闘シーンがカッコ良くて観始めたんですが、当時はまだ子どもだったので『ガンダム』の中の大人たちが何を話しているのかも分からなかった（笑）。でも気になってしまって、何度も繰り返し観ていました。そのうちにキャラクターの言葉に影響を受けて。そうやって、自分がなぜこの作品を好きなのかを考え始めたことが、声優という仕事に行き着いたきっかけなんです。そして『∀ガンダム』で監督にお会いすることができた。もちろん人との出会いは狙ってできるものではないと思いますし、偶然や運を必要とするものだと思います。

富野　そうでしょうね。

福山　なので、『∀ガンダム』で富野監督にお会いした頃から、いつか僕は監督と自分の言葉で語り合いたいと思っていました。でも、この業界は巡り合わせ次第なところもある。すると、このまま僕個人と監督個人として言葉を交わさないまま、僕が声優という仕事を終えることもあるかもしれない。だからこの機会を利用して、無理にでも監督に対談をお願いしたんです。

富野　今回、対談するにあたって、(連載第二回目の)福山くんと音響監督の鶴岡(陽太)さんとの対談を読ませていただきました。確かに、あれくらいのことがなければキースという役は選べなかった。今の声優事務所の訓練はマニュアル的だから、世の中に通用するものになっていない。僕の耳には、多くの声優の声が一つにしか聞こえない。はっきり言って、業界がダレてきているんじゃないでしょうか。

福山　耳が痛いです。鶴岡さんとの対談でもお話ししましたが、当時僕はロラン・セアック役をオーディションで受け、落ちましたがキースで決めていただけました。現場には、朴璐美さん(ロラン・セアック役)、小山剛志さん(フィル・アッカマン役)、青羽剛さん(グエン・サード・ラインフォード役)など、舞台に重点を置いて活躍されていた方が『∀ガンダム』の現場には多く集められた。当時でも珍しいタイプの現場に、新人の僕が混ざり込むことになったわけです。いざ、収録が始まると、技術もない、演技としての主張もない、うまくできない、そこで今僕にできることは何もないことを思い知らされ愕然としました。そんな中で僕は自分の出番がない時もスタジオで見学をさせていただいて、監督たちと制作の風景を一年間見ていたんです。そうしたら、収録現場で監督は踊るように作品を作っていた。ある日なんて、朴さんを前に、富野監督がマイクの前ででんぐり返しをしながら「こうだっ!」とやってみせる。そうすると、朴さんもでんぐり返しをして「こうですかっ!」と(笑)。「地球はとてもいいところだ／みんな早く帰ってこーい!」とロランが叫ぶ第1話のシーンでは、監督ご自身が「帰ってこーい!」と実演されていました。

富野　(笑)。

福山　けれど、それを僕は調整室でずっと見ていて、当時の自分にはそういうディスカッションの場に入ることができなかった。あの時の無力感が、僕の原動力になっていると思います。

富野　あなたが20年経ってもその時の鮮明な記憶をもっていて、誠実な感受性を働かせ、なおかつ言葉として整理できているのは驚くべきことです。『∀ガンダム』で演劇畑の人を呼んだのは、演劇の原理をアニメや映画に投入したかったからです。人類史には、2000年前から「演劇」というものが存在していて、そこには途方もない技術論が確立されている。アニメだろうが映画だろうが「動いているもの」が劇を構成する限り、その演劇の手法は活かすことができるだろう。ならば、キャラクターであっても、その人物像に合う人を選べばいいという考えでした。

福山　みなさんがそうやって収録している中で僕は、なぜうまく表現できないんだろうと常に自分に問いかけてい

富野由悠季
アニメーション監督

ました。自分に足りないものは何かを考え続けて…。僕ら声優は、セリフが整理された脚本を渡されて、作品を初見の観客に、効率良く、情報を手渡さないといけない。交通整理された脚本を、さらに整理して安全なものにする作業をしていますよね。でも、監督は……。これは怒られるかもしれませんが、『∀ガンダム』の2クール目の収録をしている時に、収録の合間に監督がスタジオで絵コンテを描いていらしたのを盗み見たんです。

富野　（笑）。

福山　そうしたら、監督が一人で「あ、君はそう言うのね！」「ああ、そう返すんだ！」とコンテに対して語りかけていたんです。それを見て、監督の作品の生み出し方にまず驚きました。そして後に、意図的に整理されているセリフを壊して、より生の会話に近い脚本を作られているんだなということに震えました。監督の描く人々は、ストーリーを進行させるために整理された会話よりも、その人物の思考や感情の断片を多く口にする。だから、一見脈絡なく聞こえるけれど、その状況にいる感情や思考としての言葉が吐き出されている。それに気付いた時に、自分が数年やってきた考え方とは別次元が存在すると感じたんです。整理するのではなく、赴くままに。監督の作品のホンは、いまもそういうものになっていますよね。

富野　だから、演出って面白いんです。人間がやっていることは所詮整合性などなくて、言ってしまえばその場しのぎのことを積み重ねている。でも、その裏には文脈がくっついている。動機があるから行動や結果になるんです。僕はアニメの仕事しかやってこなかったから、人生経験がすごく狭い事実がある。例えば漁業や農業をやっている方のものの考え方や身体の使い方、道具の接し方があるだろうとは分かる。そこには、相手が野菜や魚、海、天候といったものに対応する手練手管はいっぱいあるのだろうなと想像するわけです。僕の場合はそれが少なくとも劇。だから、コンテにせよ、台本にせよ、その手練手管を持っていないといけないわけです。

突き付けられた「普通」というテーマ

福山　今、『∀ガンダム』の打ち上げの時に監督が僕に言ってくれたことを思い出しました。監督が参加したキャスト全員に表彰状を一言とともに贈る、という形式のセレモニーがあったのですが、朴さんをはじめほかのキャストの方々には労いや感謝の言葉を言っていたのに対して、僕には「君はもっと普通にやることを覚えたほうがいい」と言ったんです。

富野　（笑）。

福山　その「もっと普通にやったほうがいい」という言葉は、そのあと僕にかけられた呪いのようになりました。何をやるときも〝普通ってなんだろう〟と考えるようになったんです。監督は「普通とは何か」をあえて言わず、僕に問い

富野由悠季
アニメーション監督

かけるようにおっしゃられた。その時からずっと「普通」ということを考えていました。もしかしたら一日くらいは考えない日もありましたが（笑）。しかし、「普通」って言葉は意味の幅が広すぎる。正解のない問題を解くような感覚でした。『∀ガンダム』から5年後、『リーンの翼』のオーディションを受ける時は、僕は結果よりもその「普通」の答えを知りたいと思って、オーディションの会場に行ったことを覚えています。その後、『リーンの翼』でエイサップ・鈴木の役をいただけて。監督のライフワークである、バイストン・ウェルの物語を主人公として動かす興奮もありましたが、5年間考えてきた「普通」を監督に見てもらおうとしていた気がします。それから収録が進んでいく中で何話目だったか、あまり良い感触がないまま収録を終えたことがあり、収録後に気落ちしながらスタジオを出ようとしたところ「ちょっと待て！」と監督に呼び止められて、「このままいくと潰れるぞ。ずっと思っていたが、君は身体のことを無視し過ぎていて心配だ」と言ってくださいました。その言葉に件の「普通」の意味の一端を示していただいたような気がしたんです。というのも、その時まさに僕は身体を壊していて。無理のし過ぎによる首のダメージで痛みを日常的に感じていました。痛みで歩けなくなる時もありました。叫ぶ芝居や激しい芝居を無理で押し通して、身体の生理機能を無視し続けたことで痛みは強くなり首も曲がらなくなってきていた。そういうところも見抜かれていたんだな、と感じました。以降、身体を鍛えたり、収録のフォームを見直し、フィジカル面も大切にするようになりました。それまでは身体よりも心を動かすことが大事だと、精神論が先行していたんです。でも、身体を壊して、それは違うと思った。自分の身体が動かなくなれば、当然イメージ通りには演じられないと気付きました。そこから少しずつ、声優としての「普通」が見えた気がしました。

富野　それを聞いて一つの話があります。一時期、古谷徹くん（『機動戦士ガンダム』アムロ・レイ役）が日焼けをしていたから、「どうしたの？」と聞いたら「サーフィンをやるようになりました」と。その時は「このバカが！」と思った、というか言ったんです。

福山　（笑）。

富野　でもそれから彼が10年くらいサーフィンを続けていたら、古谷くんの身体が変わってきた。40代、50代になっても自分の声を維持しているんです。当時は理由が分からなかったけど、声優が仕事を続けるにはこれだけの身体の手入れをしているんだと。それでようやく、僕にも彼らが変わらないための努力をしているのが分かりました。アニメにおいて、画は経年劣化をしないけれど人間は劣化する。おそらく、一人の声優がアニメのシリーズものを何十年も演じ続けるということは映像史において前例のない、尋常じゃないことをやっているんだなと知りました。声優業を死ぬまでやることの過酷さを感じたわけです。

福山　まさにその過酷さを間近で感じています（笑）。

富野　そこで「普通」の話に戻します。「普通」というのは時代によって変わることがある。時代に合わせて基準を作ることでもあるから、身体の手入れも含めてやっていかないといけないよねということ。それは正しい考え方です。そこに好き嫌いは関係ないんです。例えば、芝居をするうえで発声練習をやらないとしようがない。声優であろうとミュージシャンであろうと、身体を保ち、声を保つには手を抜いている暇はないんです。それは僕自身もそう。僕が「最近、ちゃんと歩くことができなくなったんだよね」とスタジオの若い連中に言ったら、彼らは「以前からそうだったじゃないですか」と言うんです。気付いているなら、もっと早く言えよ！と。大先輩だから言えないのはあるかもしれないけれど、身近な人に言われないと自分では気付かないことがあるんです。それが今更ながら分かってきた。しかし、これからまったく逆のことを言います。その必殺の言葉が、「健康であることに騙されるな！」。

福山　え、どういうことですか？

富野　健康体の人は、物事の考え方がかなりずさんだからそう言うんです。体力があると思っているから、本当の危機に気付いている人がほとんどいない。人は自分が「普通」になったと思うと、本来の「普通」を忘れてしまう生き物です。都会で政治経済にかまけて暮らしていることが「普通」な人は、農業や漁業をしている「普通」の人たちと同じ国に生活している想像力さえ失ってしまいます。

福山　なるほど。言われてみるとそうですね。僕が感じているのは、声優業界は「コンプレックス」が消えてしまったということではないでしょうか。

富野　まったくそうです。

福山　それはアニメがサブカルチャーから、メインカルチャーになりつつあることと関係があると思います。かつては僕のみならず、個人各々がコンプレックスを抱いていて、業界全体としてもそれはあったと思います。そのコンプレックスをある種の着火剤や燃料にして業界が成り立っていたと思うんです。でも、そのエネルギーの置き場がなくなってきている。

富野　その通り。そして、それを打開する答えは簡単です。ファンを信じるなということです。

福山　と、いいますと？

富野　僕は長らく「ガンダム」の人でした。しかしながら、『∀ガンダム』以後、「ガンダム」を卒業しています。それまで20年「ガンダム」を続けられたのは、メカが好きで、戦記が好きで、ひょっとしたら戦闘シーンが好きだから。でも20年作り続けたら、どういうことが起きたか…飽きたんです（笑）。その趣向から未来志向が一切生まれないということが分かってしまった。ところが、僕が卒業したい時に困ったことがあったわけ。ガンダムファンのお客さんが増えたのはいいことだけど、制作現場にガンダムファンがいるようになってしまった。彼らは本当にファンだからと

富野由悠季

アニメーション監督

にかく「ガンダム」だけが好きなの。

福山　（笑）。

富野　〝ここでお前は、ファン活動を否定するのか〟という話になるのですが、そうではないんです。言っておくと、僕にもファンのものがいくつかあります。女優のマリリン・モンロー、もう一人がジーン・セバーグ。二人に見た目の共通点はありません。しかし、生き方に一つだけ共通点がある。二人とも自殺をしていることです。なぜ、あれほどの作品を世に出した女優が自殺するんだろうと考えるのですが、正解はありません。それを考えながら、その二人の全盛期の映画を観る時間が本当に好きです。あと、もう一つファンだったものは戦艦大和、ゼロ戦が大好きでした。ただし、この大和とゼロ戦に関しては「ガンダム」を20年やって、飽きたものの一つに入ります。そこで話を戻しますと、なぜそうやって好きだったものに飽きてしまったんだろうと考えた。きっと何かのファンの人たちは、「世間」という感覚を忘れてしまっていると気付いたんです。戦艦大和のファンは、日本人は立派な軍艦を作ったことや、世界一の大砲を積んでいることを言う。けれど、あれは約３３００人を乗せて撃沈させられるために海に出た、ともいえる。誰もが当時の作戦を知れば、無謀さは知るでしょう。にも関わらず、戦後70年以上経っても、そういう言説をする人はほとんどいない。時として、何かの思想に囚われたファン、信者は厄介です。世間を見ないで過去ばかりを見る。そこに囚われずにもっと幅広い視野をもち続けることこそが大事です。

尽きない熱量が生み出すもの

福山　僕は今年43歳になります。監督は僕よりずっと長いキャリアをおもちで、今も新しい視点で作品を制作されている。本当にものすごい熱量をおもちです。その根本はどこにあるのですか。昔話ばかりで恐縮ですが、新宿で『リーンの翼』のオールナイト上映会（06年11月4日、富野監督の誕生日前夜にテアトル新宿で実施したイベント）がありましたよね。あの時は上映前に舞台挨拶をして、お客さんと一緒に作品を観るという、今ではあまりない形式のイベントでした。そのとき、僕は近くの席にいるお客さんの顔を見ていたんです。そうしたら、最初は腕を組んで冷静に観ていた人が、いつしか心を掴まれてスクリーンに釘付けになるのを目の当たりにしました。2話上映するごとに休憩時間を挟んでいたのですが、席を立たずにじっとしている人もたくさんいた。作品の熱量がお客さんに伝わったんだと思いました。ところが、休憩時間に監督と楽屋に帰ったら、監督はしきりに反省をされているんです。「第1話のあそこはあれでは伝わらなかった」「もっと、ああすれば良かったのかもしれない」と。僕は「富野さん、そうは言いますけど面白い作品ですよ」と言ったんです。そうしたら、両手で僕を指さして、「ほかの作品と比べるな！」と（笑）。僕はそんな監督を見て、

富野由悠季
アニメーション監督

60歳を超えてキャリアを重ねた監督が、まだこの熱量があるんだと驚嘆するだけでした。完成したものをみんなに観てもらう段階になっても、もっと良いものを作ろうとしている。これほどの熱意はどこから湧いてくるんだろうと思いました。

富野　すごく簡単なことです。一等賞を取りたいだけです。昔から名作といわれている映画があるでしょう。僕が言っているのは、そのあらゆる優れた映画の中での一等です。無論、アニメの中での一等賞なんて意味ではない。アニメ監督ごときが図々しいと思われるかもしれないけれど、一等賞を目指して作っていても、実力がないからその程度のものしか作れないんです。でも、その程度のものしか作れない人間が、この程度のものでいいと思ったら、その程度以下のものしか作れなくなる。ならば、一等賞を目指しておけば、いつかそこに手が届くものが作れるかもしれないじゃないかということだけです。職業として演出家を選んだからには、絶対に一等賞を取りたい。それとは別に、今のアニメ雑誌の何かのグランプリは『鬼滅の刃』で、それはそれで腹が立ちます。

福山　（笑）。

富野　この歳になって困ったことがあるわけ。一等になりたいと思って、ここまで続けてきた自分だけれども、自分が無学であることにも気付いてしまった。正直、それが本当に辛い。

福山　無学というのは？

富野　小学生の頃から、自分は学というものにこだわりがなかったんです。例えば、ひらがなの「あいうえお」も覚えるもんかと思っていた。「いろはにほへと」の語順は音と字がマッチしていたから納得したんだけど。あと、算数も嫌だった。俺に断りなく、1＋1＝2という図式をなぜ決めたんだ！と怒っていたような子どもでした。

福山　すごく面倒くさい子どもでしたね（笑）。

富野　そう、面倒な子だった。小学生から、そういう戦いを勝手にしている子でした。中学生になって方程式が出てきても、また俺の許可なく何が方程式だ！と（笑）。バカだったんです。

福山　（笑）。「あいうえお」は嫌だけれど、「いろはにほへと」は良いという言語感覚は、監督の作品のセリフに今も息づいているように思います。それに監督はいろいろな言葉を生んでいますよね。それこそ『Gのレコンギスタ』の「レコンギスタ」は「レコンキスタ」(「再征服」の意)を思わせる造語ですよね。もっと言えば、『∀ガンダム』で今や辞書にまで載って、ネットスラングとしても市民権を得た「黒歴史」という言葉まで生んできた。とくに僕は『∀ガンダム』の現場にいたので「黒歴史」という言葉が生まれる瞬間に居合わせていたんです。台本に「黒歴史」と書いてあって、キャストのみんなから「アニメに詳しいんでしょ、これはなんて読むの？」と聞かれたんですよ。それで困っていたら、鶴岡さんがやってきて「今日この場からこの言葉を『くろれきし』と読むことにします」と言ったんです。もちろん、それより以前に富野さんたちが脚本で作り出した言葉だと思うのですが、セリフを声に出す我々にとってはとてつもなく新鮮でした。その新鮮な驚きが、今に至るまで受け継がれているんだと思います。そういう言葉を生み出すことができるのは、どうしてですか。

富野 そこに他者がいるからです。セリフというものの性質として、他者がその言葉を発した瞬間に他者のものになる。そして他者という存在が、その言葉を成立させてくれるんです。

福山 監督のセリフは声優にとっても、かなりの力量が問われるものになっていると思います。例えば、倒置法……いや、感情の吐露をして主語が最後にくるような監督のセリフは、僕らにとっては難しい言葉遣いになります。でも、監督は「分からないままやってくれ」と言いますよね。監督は自分で書いたセリフでも、声優が出したものを尊重するという演出をなさっている。包容力の大きさも感じます。

富野 それは僕がセリフの芝居を決め付けていないからです。キャラクターという他者が発し、このセリフは成立するのだろうかと考える試みと直感そのものが創作行為です。そもそも決め込む必要がない。事前に決め込んでしまうということは、主義主張や思想をもつことでもあり、大きな間違いに繋がりやすいんです。

福山 そういうことだったんですね、納得しました。

富野 そもそも主義主張や思想なんてものは、周囲の環境や時代に左右されるものです。僕が学生の頃には、東大や

富野由悠季

アニメーション監督

早稲田といった頭の良い大学をはじめとした学生運動が起きて、その活動のトップだった学生たちは結局、政治家や経済人になっていく姿を横目で見ていました。あれを見たことで、主義主張や思想なんて時代によって変わるんだと痛感しました。例えば、浮世絵の美人画ってありますよね。あれを美人と呼ぶ時代があったわけです。今アニメでは目の大きなキャラクターが可愛いということで、幅を利かせていますが、20年後はどうなっているのか分からない。表面的な正しさに囚われず、こちらが自分の中の面白さを獲得して、小さなところから出発しなくてはいけないんです。

先程も言った通り、僕は『∀ガンダム』以降「ガンダム」を卒業して、劇場版の『G-レコ』を始めました。テレビ版では、『G-レコ』のタイトルに「ガンダム」の冠が付きました。矛盾しているじゃないか、と言われてもそれを気にしていません。組織が入ってきてタイトルをどうしようが、僕が創作の根っこを押えていればいいだけです。20年、30年後どういう評価をされるかわからないけれど、その時には僕は生きていないと言いつつ、残る映画を作っている自負がある。それが劇場版『G-レコ』だし、ようやく「ガンダム」から明確に抜けたものが作れていると思っています。

エンターテインメントを作るうえでの自由と義務

福山　僕は監督と関わってしまった人間なので、監督と交差した瞬間から監督のその後の作品から目を離すことができなくなっているんです。『∀ガンダム』は『とりかへばや物語』をモチーフにしながら、月の民が地球に「帰る」というテーマがあって。『OVERMANキングゲイナー』もエクソダス、つまり「脱出」がテーマにあった。そして『リーンの翼』もシンジロウ・サコミズの望郷の想い、すなわち「帰る」がテーマです。そこから『G-レコ』は宇宙から地球を獲得する物語を描こうとしている。監督はずっと今までの方法論の中から「新しいものを自分たちらしく作る」ことを目指していらっしゃるのかなと思っています。

とくに『G-レコ』はテレビシリーズも劇場版も拝見してますが、それぞれ感じるところが違う。とくに僕は主人公のベルリ・ゼナムが戦うまでの時間にものすごく心が惹かれてしまったんです。というのも、最近の僕は、普通の人間が普通に話すことに興味が傾いています。そういう個人的な好みも含めて、ベルリの日常がとても好ましかった。そして、彼を見ているうちにだんだんと『G-レコ』の世界や文化が見えてきて、2度、3度観ることで、セリフの意味が噛み砕けるようになってきた。『G-レコ』を観ることで、手クセでセリフを言っちゃダメだなと自分を戒めました(笑)。

富野　そういうふうに感じてくれて嬉しいし、それでいいと思います。その歳になれば、自分がいずれ死ぬことも視界に入ってきているはずなので、ちゃんと死ぬため、ちゃんと生きるために、その感覚をもち続けてください。

福山　僕は『リーンの翼』の時に、監督に「なぜ、監督は素人を作品に入れるんですか」と失礼なもの言いをしたと思うんです。だけど、監督は「それは義務だよ」とおっしゃった。『リーンの翼』での僕はかつてより少しキャリアがあったけど、ヒロインのリュクス・サコミズ役の嶋村侑はほぼ新人でした。監督はその時に「僕は現場に既存のものとは違う才能を投入する義務がある」と言ったんです。過去に遡れば白鳥哲さん、鈴置洋孝さん、挙げればもっといらっしゃいますが。そういったそれぞれの時代の新たな人材を作品に起用しています。一方、『G-レコ』ならば、女性の操舵士役の方（ステア役のミシェル・ユミコ・ペイン）の声を聞いて、良く言えば予定調和を壊す、あの芝居は僕たちにはできない。そういう方々をどういう考えで見つけてこられたのでしょうか。

富野　エンターテインメントってそういうものですよ、というのがまず一つ。そういう自由さが作品や作り手に担保されていないとエンタメは作れません。例えばキャラクターがいて、セリフをマニュアル通りに貼り付けていくというやり方が本当に面白いですかという話です。もちろん、声優事務所が培う技術論を一方的に否定しているわけではありません。声優事務所的な演技論、演劇論があることは認めます。声優業のもっているテクニカルな面もあるでしょう。キャラクターに声を当てる技術には失ってはいけないものもあるはずです。同時に、声優さんには合わない作品やキャラクターもあるでしょう。僕は本当の意味で「声優」と「役者」の違いを本質的に分からない人間です。だけど、人間が培ってきた演劇論の中で、少なくとも声優の演技がその中心にあるものではないということだけはわかる。そういう考え方が自分の作品のあらゆるところにある。

福山　声優という仕事が専業として形を成してきて約50年程になりますよね。僕は声優という肩書きにこだわる必要は、もうないんじゃないかとも思っています。アニメ作品に声優を使うことは必須のように思われていますが、声優を使わなくても成立している作品もどんどん増えている。声優を使うこととの是非はあくまで利便性や、便宜的な経緯からだとすら思っています。だからこそ、僕は逆に声優の存在意義を自らに問いながら声優をやっている。なので、監督のキャスティングを注意深く見ています。

富野　今、福山くんの話を聞いて、つくづく思ったことがある。それはあなたが考え過ぎだということ。そのものの見方を否定しません。けれど、声優業を20何年やってきて、やり方を確立し、視界が狭くなっている可能性がある。かつての僕も然りでした。あなたにふさわしい事柄になるかどうかは分からないけど、役者やアーティストと呼ばれる人が自分でプロダクションを経営する時に、役者やミュージシャンをやり

富野由悠季

アニメーション監督

ながら会社経営をするのは違うんじゃないか、と僕は常々感じている。それは危ういところに立っているという意味で、です。要はどちらかにしたほうがいいんじゃないかということです。

福山　正直それは言われると思って、恐る恐る今日は参りました…。

富野　人間は不幸なことに、自分が思うほどいろいろなことはできません。自分の将来の身の処し方を考えた時に、自分ができることは、己の身を立てていくことくらい。それ以上のことを考えると、破滅に繋がるということは言っておきたい。その時代ごとに帳尻を合わせながら、みなさんそれぞれが自分の尻を拭えるところで、頑張るしかないんじゃないですかという、自分で言っていても、ものすごく嫌な結論になります。

福山　はい。そんな中で、自分が声優事務所をやると決断したのは、今置かれている環境に自分が異を唱え始めた時に、その環境を作っていない人間では、何も言えないんじゃないかと思ったからなんです。結果間違いがあったとしても、いい作品を作るため、作り続けるために今の状況に異を唱えていかなければいけないんじゃないかと思った。では、プレイヤーや社長として自分がちゃんとコントラストをもっているの

富野由悠季
アニメーション監督

かというと正直、まだあやふやなところもあります。綺麗事を言うつもりはないのですが、そうであっても自分の行動で見せていきたい。机上の空論ではないものを見せていきたいという気持ちがあります。

アニメと声優を次の世代へ残すために

富野　僕は生活の経験が本当に乏しい人間だから、それに関しては具体的な話はできません。だから、すごく大雑把な話になるけれど、ハリウッドを例に挙げると、ハリウッドでは、監督だった人が大作を撮るようになり、やがて製作総指揮として映画会社やハリウッド全体のビジネスを考えるようになります。でも、そういう立場になった人は、その後ロクな監督作品を残さなくなりがちです。様々な映画にクレジットされるけれど、自分自身の監督作は振るわない。一方でずっと監督をして、主演もして自己実現の世界に入り続けている人がいる。これはクリント・イーストウッドのことです。作品も前者は大きな物語と、後者は小さな物語になる傾向があるし、両方を兼ねた器用な作り手はなかなかいない。そこであなたはどうするのか、という問題です。

福山　実は、僕は先程の話で出た「コンプレックス」がとてつもなく大きいんです。高校を卒業して、すぐ声優になったことで、いわゆる社会に出た経験がない。アルバイトはしていましたが、毎月の給料を得る感覚を知りません。自分はそういう人たちと一緒に戦いたいですし、守っていきたい気持ちもあります。だけど、いち役者の気持ちもあります。二律背反かもしれませんが、それでも自分が表に立ってやらなくてはいけないことがあると考えています。

富野　そこで福山くんが心配なのは、人間にはいつも現実というしがらみがあるんだということです。僕は人を雇ったことがないし、会社を立てたこともないからまったく想像できません。あなたがやろうとしていることが正しいか、正しくないかも分かりません。ただ、嘘を言っても仕方がないですから、リアリズムで言います。それは時代に押し潰されないで頑張りましょうということだけ。少なくとも、僕には今の日本人の先進性みたいなものは信じられない。「ジャパン・アズ・ナンバーワン」は遠い昔に去り、海外ではすでにＧＡＦＡ（Ｇｏｏｇｌｅ、Ａｐｐｌｅ、Ｆａｃｅｂｏｏｋ、Ａｍａｚｏｎの略称）のように国家間の論理では語れない存在が台頭している。もはや国家の競争ではなくて、巨大組織同士の細分化された競争になっているのが現代です。その中で、日本の人々はどう立ち回るべきか。おそらく巨大組織の手が届かない落穂拾い的なことができれば、日本の国民性を活かせるところがあるかもしれない。これは１００年後の日本のことを言っています。

福山　誰もが発信できる時代になり、価値観が多様化していく中で、その価値観が帰属している先、つまり何が面白いのかを考えることが重要だと思います。自分が楽しいから始める、新たな楽しみを見つけたから続けるという価値観をいつも僕は取りたいと思っていて。

富野　やっぱり、あなたは頭を使い過ぎ（笑）。

福山　すみません、そういうふうに生きてきたので急には変われないんです（笑）。自分には、アニメや吹き替えで耳から受けた刺激が原点としてあるし、そこから得た情報で自己形成されたのが大きかったんだと思います。そこへのこだわりは、もはや執念みたいになっています。ただ、その執念で、後進の人たちの刺激になるようなものをこれからも作り続けたいだけなんです。

富野　個人としてはそれでいいと思います。ただ、どの人間の目の前にも今日のごはんを食べるという現実があるのを忘れないでほしい。そして、さっき言ったハリウッドの先人の生き方を視野に入れておいたほうがいい。

福山　はい。

富野　ビジネスでは、古き事柄から学ぶことは一切ないという言い方をする人がいます。けれど、エンタメは違う。大衆という圧倒的な数が面白いと思えるものは、古典であれ新作であれ、意味があり、価値があり、時には生活の糧になるからです。どんなディレクターにとっても、みんなに〝面白いよね〟と言われることがいちばん良い仕事です。その時に、あの役者が良かった、あの作画が良かったと言われることは、作品に対する褒め言葉ではありません。どうでもいい言葉です。僕の場合は、富野作品だから……などと言われたら最後、全否定されたようなものです。いうなれば、僕の作ったものは「富野作品」と言われてはいけない。今でもそういうものを目指しています。

福山　監督はこれまでたくさんの作品を手掛けて、多くの人の心を動かしています。きっとその中には、作り手の想いを紐解き、その熱量をともにしたいとする人たちが出てくるんだろうなと思っていますし、僕もその一人です。

富野　当然そういう人や才能が出てくることを期待しているから、「あえて」も含めて、こういう言い方や作り方を続けているということがあります。だけど、繰り返すようですが、視聴者はただのファンにはなっていけない。それはバカになってしまうことだから。

福山　ストレート過ぎです（笑）。

富野　ただ、これも矛盾だけど、人間というものはそれぞれ、ファンになってしまう事情を抱えているというのもわかります。だから、マリリン・モンローとジーン・セバーグが好きな富野がいることくらいは認めてほしいな。

福山　なんで最後だけ可愛いコぶってるんですか（笑）！

富野　話がまとまるからに決まっています（笑）。演出家ですから。

あとがき

困りました。「あとがき」に何を書けば良いのか、書いては消して書いては消してを繰り返し二週間が経ちました。締め切りはとうに過ぎております。しかし、何を書いても締りが悪いのです。何故でしょう。連載の対談企画が単行本として刊行されることは素直に喜ぶべきところでしょうし、対談をして下さったゲストの皆様のお話は全て面白く、まして私にとってとても意味のある大切なモノばかり。しかし、このバツの悪い感じは何なのだろう、と考えるとまぁ単純に私の話の引き出し方や私の話が、自分では良いのか悪いのか全く判らないからだというところなのです。誤解無いように書きますと、ゲストの皆様は私が話を聞きたくて話したくてしょうがなかった方々で、対談は全て楽しく喋りまくって帰っています、私が。ゲストの皆様にとってはどうだったのだろうか？というのもそうですが、そもそも、それを客観的に視て聴いて面白いのか？という疑念がぐるんぐるんとしているだけなのです。この期に及んで、ビビっているという事です。

元来、自分は物事を考える時、自分の頭の中で完結させることが多く、自分の意見や考えを世の中に発信したいとは考えていない節がありました。それが近年変化を見せるようになり、その変化によって自分も能動的にその変化の流れに乗ろう、という気持ちになり、この企画を頂いたときに飛びついた次第です。その程度のモノですから、ちゃんとした段に物事が進み、目の前に積みあがったものがあるとその大小にかかわらず、恐ろしい事をしてしまったと、自分を脅迫するのも致し方ないのかもしれません。

これが、本書が刊行されるにあたっての私の率直な感想です（笑）。

冗談はさておき、この対談集が発売されるまでに、かなりの時間がかかりました。それは写真で見る私の髪の毛の伸び具合で見て取れるかと思います。全ての対談を振り返ると、私の今までの思考や、注視している事、憂いている事、課している事、課していかなければならない事など、まぁ多少の虚飾はあるかも知れませんが（笑）、あけすけに話してしまったり、解り辛い言い回しだったりを読みやすく纏めて下さいました岡本大介さん、志田英邦さんには感謝の極みです。

各ゲストとの裏話などがあればこちらに書くと良いのでしょうが、そうなると各セクションの言い訳だらけになりそうなのでそれは控えるとして、今回お越しいただいた皆様とは腰を据えて話したいと常々思っていた方ばかりです。プライベートでも親交のある吉田さんとはこれまで多くの会話もしてきましたが、それぞれの立場について話す事はしていなかった。人を繋ぐ稀有な吉田さんの人柄にこれからも僕は刺激を受け続ける筈です。鶴岡さんとも、真剣に踏み込んだ話は「今じゃない」という思いが邪魔をしてこれまで出来ずにいた。自分が発する台詞で今の私の場所と考えを伝えられたら。それで会話が出来れば。そんな甘い事を考えているうちに今になり、この企画のお陰でしっかりと話す事が出来た。一年でも長く、一作品でも多く、私たちみたいな、どうしようもなかった何者でもないこれからの才能に気づきを与えてあげて欲しい。上江洲さんともこれまで何度も作品を通してもそれ以外でも話していた筈なのに、トピックはまた然り。これから先に送り出されるものはまた挑戦に満ちたモノになるんだろうなぁ。私はそういった世界に必要とされる何かをまた探します。岩井さんは僕からの興味の尽きない方で、今回も諸々見透かされつつ、何やかやひらりと躱（かわ）されたような気もしないでもありませんが、それがまた興味をそそります。山根さんとはいつかまたじっくりとそれぞれの熱量を確認しながらただ、話したかった。山根さんが描く分身に私が声をあてて一人の俳優としたかった。それをまた分かち合いたかった。またそれが出来るように精進しよう。しかし、コロナが終わってくれないと呑みに誘えないじゃないか。タツオさんには教えて頂いてばかり、今回も、そして対談後にも私の欲している知識を与えてくれました。タツオさんの話を聞けるのが嬉しく、楽しい、そして少しだけ背伸びして頭を良く見せようとする自分の小ささがまた自分の未熟さを確認させてくれる。面白い作品でこれからも唸らせたい。そして最後に来ていただいた富野さん。正直、富野さんがオファーを受けてくれるとは思っていなかった。何より、富野さんにオファーを出すことは本当に悩みました。色んな想いがありました。いつかまた現場で会ったときに話したい、そんな事を考えてきて。でも、そんな機会を待っていたってオファーが来る保証などあるわけもなく、私ももう活きのいい若手ではない、都合の良い機会など作らない限り来ない。そもそも、今まで関われた回数を考えてもそれが出来過ぎだっただけ。そんな想いが元でした。『∀ガンダム』から動き出した私の声優としての人生が『リーンの翼』を経て、今どうなっているのか、今まで何をしてきたのか、何を考えてきたのか、そんなことを少しでも話す事が出来たらどんな会話が生まれるのだろうか、何より、その会話から富野さんは何を感じてくれるだろうか。そんな感じですから「プロフェッショナル」というよりはとても個人的な想いの対談になったと感じています。

そして冒頭に戻るようで恐縮ですが、今回の対談でゲストの方々にとっても有意義な時間であったなら嬉しいのですが、果たしてどうなのかはわかりません。そしてお手に取ってくださった皆様が最後まで読んで楽しんで頂けたならばそれが何より、なのでございます。

これからも私は声優として進んでいくとともに、考えすぎと言われながらもそんな感じで自問自答しながら、娯楽作品に自分の存在意義を感じながらも、楽しく、もがき、あがき、嫉妬し、行ったり来たりを繰り返しながらやっていきます。その過程で、また今回の様な素敵な機会に恵まれましたら皆様にもより楽しんで頂けるような自分になり、より楽しんで頂けるような言葉を送り出せるように致します。

最後に、富野さんとの対談で「鰻丼」の下りがあったかと思います。対談時には話せませんでしたが、あの時富野さんは丼を渡した後、僕に「食えているのか？」と尋ねました。

「食えています」僕はそう答えます。「ならいい。一応、この世界に引き込んだ者としてそれだけは気にしているから」そう加えてくれました。あの時の会話はそれだけです。でも私は、次に会ったときには「食えています」と開口一番に伝えよう、そう思っていました。

その機会を頂けました。しかし開口一番は私ではなく富野さんでした。みんなに聞こえない声、僕の耳元に近づいて一言囁く（何かは秘密）。これぞ富野由悠季！　僕は嬉しさで10年想っていた一言を吹き飛ばして対談を始めてしまいました。富野さんを送り出した後、また次に会えた時に伝える言葉を一つ増やそう。そう心に決めて全ての対談を終えました。

STAFF

写真　橋本龍二（COVER 福山潤ソロ、山根理宏、
サンキュータツオ、上江洲誠）
小嶋淑子（吉田尚記、鶴岡陽太、岩井勇気、富野由悠季）
ヘア&メイク　杉野智行　給田久美子（p106 ～ 123）
文&インタビュー　岡本大介　志田英邦（p106 ～ 123）
校閲　豊福実和子
デザイン　佐藤ゴウシ（OFFS）
編集　小林千香　河内文博
　　　高関聖子　大原義昭（UNCHAIN）

マネジメント　中西あすか（BLACK SHIP）
　　　　　　　桑本彰弘（BLACK SHIP）

Special thanks
田中嘉人（吉田ルーム）
杉山好美（有限会社楽音舎）
大原清佳（ワタナベエンターテインメント）
花尻和子
栗木 良（ワタナベエンターテインメント）
向 猛（株式会社サンライズ）
※掲載した情報は2021年10月現在のものです

福山 潤（ふくやま じゅん） プロフェッショナルトーク
2021年10月24日　第1刷発行

著者　福山 潤

発行者　島野浩二
発行所　株式会社 双葉社
〒162-8540 東京都新宿区東五軒町3番28号
☎ 03-5261-4818（営業）03-5261-4835（編集）
http://www.futabasha.co.jp/
（双葉社の書籍・コミック・ムックが買えます）
印刷所・製本所　大日本印刷株式会社

ISBN978-4-575-31668-1　C0095